心理學

Psychology: A Very Short Introduction

U0118384

Psychology: A Very Short Introduction

心理學

巴特勒、麥克馬奴斯 合著

Gillian Butler & Freda McManus

韓邦凱 譯

OXFORD
UNIVERSITY PRESS

OXFORD
UNIVERSITY PRESS

Oxford University Press is a department of the University of Oxford.
It furthers the University's objective of excellence in research, scholarship,
and education by publishing worldwide. Oxford is a registered trade mark of
Oxford University Press in the UK and in certain other countries

Published in Hong Kong by
Oxford University Press (China) Limited
39th Floor, One Kowloon, 1 Wang Yuen Street, Kowloon Bay,
Hong Kong

心理學

巴特勒、麥克馬奴斯合著

韓邦凱譯

ISBN: 978-0-19-941668-4

4 6 8 10 12 13 11 9 7 5

English text originally published as *Psychology: A Very Short Introduction*
by Oxford University Press © Gillian Butler & Freda McManus 1998

目　錄

鳴　謝

　　寫完本書，我們要感謝許多人。和病人、學生、同事、朋友及家人的談話，幫助我們更清楚地思考心理學的問題。他們提的許多問題，也使我們更集中地研究心理學的引起普遍興趣的方方面面。這些問題刺激我們提供答案。答案可揭示出心理學作為一門發展中科學的、令人興奮的本質，可與越來越多的事實相符，也可以相對簡單地加以解釋或舉例說明。不可避免的是，我們還不可能探索到這一領域的大部分，或最多也只能暗示它們的存在而已。有些人的好奇心把我們指向了他們感興趣的方向，我們對他們充滿感激之情。我們特別要感謝我們最早的心理學老師，他們把那份對心理學的經久不衰的熱情傳授給了我們。還要感謝那些撰寫各種心理學啟蒙讀物的著者。他們的書幫助我們更好地思考這樣一個問題：怎樣讓其他人更容易接近心理學。本書結束時，我們推薦了一份進一步閱讀的書目，其中就有上述著者的部分作品。若沒有牛津大學出版社的喬治·米勒(George Miller)的鼓勵和他的見聞廣博的評論，這本書不會是現在這個樣子，他的幫助，他對整個項目所做的工作，於我都是令人愉快的事情。

圖片鳴謝

第一章
甚麼是心理學？怎樣研究心理學？

威廉·詹姆斯(William James)是美國的哲學家和醫生，也是當代心理學的創始人之一。他在1890年，給心理學下的定義是，「精神生活之科學」。他的這一定義，為我們理解心理學開了個好頭，即使到今天，也可以這麼說。我們都有精神生活，因此，心理學究竟是甚麼意思，多少也知道一點，儘管研究心理學，既可以通過研究鼠和猴子，也可以通過研究人，但這個概念依然是難懂的。

威廉·詹姆斯和大多數心理學家一樣，對人類心理學特別感興趣。他認為，人類心理學由一些基本成份構成：思想和感情、存在於時空中的物質世界以及了解這些事情的方法。對我們每個人說來，這種知識首先是個人的和私人的。這種知識來自我們自己的思想、感情和在世上的經歷，可能受科學事實的影響，也可能不受科學事實的影響。由於這個原因，我們把自己的經歷當成試金石，很容易對心理學上的事情下判斷。我們像業餘心理學家似的，對複雜的心理學現象發表看法，比如，洗腦究竟管不管用，或者當我們

圖1.1　威廉·詹姆斯(William James)

把自己對其他人為甚麼會那樣行事(認為他們正受到侮辱,感到不開心,或突然放棄他們的工作)的看法當

作事實的時候。然而，兩個人理解事情不一樣，問題就出現了。正規的心理學想提供方法，來決定哪些解釋最可能是正確的，或者來確定各種方法所適應的具體條件。心理學家的工作幫助我們區分兩樣東西：一是內部信息，它是主觀的，可能是有偏見的和不可靠的，二是事實。也就是把我們的先入之見和科學意義上「真的」東西區分開來。

按照威廉‧詹姆斯的定義，心理學是關於心靈和人腦的，可是，儘管心理學家的確研究大腦，我們對大腦的工作卻了解得太少，還不能理解在經歷和表達我們的希望、恐懼和願望時它所起的作用，或者，在我們行為中它所起的作用，我們的行為是在紛繁複雜的經歷之中的，從生孩子到看足球。實際上，要直接研究大腦幾乎是不可能的。於是，心理學家通過研究我們的行為，已經發現了更多的東西，並且運用他們的發現，衍生出關於我們內部情形的種種假設。

心理學也是和方法的有關的，生物體(往往指人)用這些方法來運用他們的精神能力或心靈在他們周圍的世界上運作。隨着時間的推移和環境的改變，他們所用的方法也已改變。進化論認為，生物體如不能適應變化着的環境，就會瀕臨滅絕(因此才有「不適應即滅亡」和「適者生存」的說法)。心靈一直是由適應的程序塑造的，而且這種程序塑造依然持續不斷。這就是說，我們的心靈之所以會這樣運作，是有進化論上

的原因的——例如，為甚麼我們更善於發現移動的東西而不是靜止的東西，大概是因為這種能力有用，能幫助我們的祖先逃避肉食動物。了解這些原因，對心理學家是重要的，對在其他學科（如生物學和生理學）工作的人也同樣重要。

心理學研究的固有困難是，科學的事實應該是客觀的和可檢驗的，但是，用看發動機運作的方法來看心靈的運作，是看不到的。在日常生活中，心靈的運作只能間接地被知覺到，並且，還得從可以觀察到的東西（即行為）中推斷出來。心理學所耗的精力，和玩填字遊戲的很相似。它包括評估和理解現有的線索，用你已經知道的東西去填空。另外，線索本身也必須是從仔細觀察得來的，必須植基於精確的度量，必須用盡可能科學的嚴密性來進行分析，必須用合乎邏輯的和理性的論據來加以解釋，這些論據要能經得起公眾的考查。我們想要在心理學中知道的大部分東西——我們怎麼知覺、怎麼學習、怎麼記憶、怎麼思考、怎麼解決問題、怎麼感覺、怎麼發育、怎麼相互不同和怎麼相互聯繫——都不得不間接地量度，而且，這一切活動都是多重決定的：意思是它們受多種因素而不是一種因素的影響。例如，設想一下，你面對一個具體情況（在一個陌生的城鎮迷了路），要做出反應，有多少東西可能影響你的反應。為了找出重要的因素，其他一些混亂的因素就得排除。

在心理學中，複雜的相互作用與其說是例外不如說是正常，理解這些相互作用靠的是複雜技術和理論的發展。心理學和其他學科的目標是一樣的：描述、理解、預測、並學會怎樣控制或調整心理學所研究的程序。一旦達到這些目標，心理學將幫助我們理解我們經歷的本質，心理學也就有了實際的價值。例如，心理學上的發現在一些領域很有用，發展教孩子閱讀的有效方法，設計機器的控制板以減少事故的危險，以及減輕情感受挫人們的痛苦。

歷史背景

儘管關於心理學的問題已經討論了好幾百年了，但是對這些問題進行科學的調查，還只是過去一百五十年的事。早期心理學家依靠內省(introspection)，就是對自己意識經歷的反省，來找心理學問題的答案。這些心理學調查的目的是找出心理的結構。但是，在達爾文(Charles Darwin)1859年發表《物種的起源》(*The Origin of Species*)之後，心理學的範圍擴大了，既包括意識的結構(structures)，也包括意識的功能(functions)。心理的結構與功能至今仍是心理學家的興趣的中心，但是用自我反省來研究它們，有着明顯的局限性。正像高爾頓爵士(Sir Francis Galton)所指出的，它使人「成了一個無助的觀察者，觀察的只是大腦自動工作的極細微的部分」。於是，

當代心理學家就更喜歡把他們的理論建立在對現象(如他們感興趣的其他人的行為)的仔細觀察上,而不是建立在對個人經歷的反省之上。

1913年,約翰·華生(John Watson)為心理學發表了一篇總的行為主義宣言,認為如果心理學要成為一門科學,那麼它植基於上的資料必須是可供檢驗的。這種對可觀察的行為而不是內部(不可觀察的)心理事件的注重,同學習的理論聯繫起來,同強調觀察和實驗的可靠方法聯繫起來,這種觀察和實驗的可靠方法至今還影響着心理學。行為主義的主張認為一切行為都是條件作用的結果,通過指定刺激(stimulus)、觀察對刺激的反應(response)就可以研究條件作用(刺激–反應心理學:S-R psychology)。發生在這兩者之間的東西,即插入的變量(the intervening variables),早期的行為主義認為並不重要,但從此倒變成了實驗假設的主要源泉。對於這些事情的測試假設,使心理學家創造出越來越複雜的、關於心理結構、心理功能和心理程序的理論。

對本世紀初心理學發展有意義的另外兩個影響來自格士塔心理學(Gestalt psychology)和心理分析(psychoanalysis)。在德國工作的格士塔心理學家,對心理學程序的組成方式有了一些有趣的發現。這些發現說明,如果我們的經歷僅僅建立在外部刺激的物理特性上,那麼我們的經歷就和所期望的不同,結論

是「整體大於各部分之和」。例如，當兩盞很相似的燈依次閃亮時，我們看到的是一盞燈在兩個位置之間移動(這就是電影的原理)。認識到心理程序用這種方式對經歷的性質做出貢獻，這就給當代認知心理學(cognitive psychology)的發展奠定了基礎，認知心理學是心理學的一個分支，研究的就是這類內部程序。

佛洛伊德(Sigmund Freud)的理論吸引了對無意識程序(unconscious processes)的注意。他的理論是關於兒童早期經歷的持續影響以及理論上的心理學結構，他稱之為自我(ego)、本我(id)、超我(super ego)。這些程序包括無意識的和不能被人接受的願望和慾望，這些程序是從夢、口誤、奇癖中推斷出來的，被認為對行為有影響。特別是無意識的衝突被假設為心理憂鬱的主要原因，心理分析家可以用協助他們表達的辦法來幫助緩解這種憂鬱，並且用基於佛洛伊德著作的心理動力理論來解釋病人的行為。佛洛伊德理論建立在精神程序觀察不到的性質之上，這種性質使得該理論很難得到科學的測試。多年以來，更科學的或更具說明性的心理學分支，沿各自不同的途徑，獨自地發展起來了。

今天，當代心理學正處在一個令人興奮的階段，部分原因是在一些地方，心理學的分部正在崩潰。怎麼才能知道我們不能直接觀察的東西，不光是心理學要碰到這個問題，其他學科也有這個問題——想想物

理學和生物化學吧。技術和理論的進步已經幫助了這個進程，這種發展已經改變，並將繼續改變心理學作為一門科學的性質。心理學家現在能使用複雜的度量儀器、電子設備和改進過的統計方法，來分析多種變量和大量資料，使用電腦和信息技術中的所有設備。把心靈當作信息處理系統來研究，已經使他們能夠找出更多的無法直接觀察到的東西，還有介於刺激和反應之間的種種變量，比如那些注意、思想和決策之中所包含的變量。他們現在所處的位置，使他們能把他們對這些事情的假設不僅建立在自我反省得來的假設理論上，如早期的分析家那樣，或建立在對行為的觀察上，如早期的行為主義者那樣，而是建立在這些東西的結合體上，這些東西有更可靠和更有效的觀察和量度的方法作為支撐。這些發展，在作為「精神生活的科學」的心理學中產生了一場革命，它們的持續發展意味着還有很多東西有待發現。

心理學作為一門科學

說心理學是科學，是指它無論在哪裏，只要可能，就使用科學的方法。但是，也必須記住，心理學是一門處於發展初級階段的科學。有一些心理學家感興趣的東西，光用科學方法還沒法完全理解，有些人甚至說這些東西永遠沒法理解。例如，心理學的人文主義學派更強調個人對他們主觀經歷的敘述，這種東

西是很難定量或量度的。在下面的框1.1中例舉了一些心理學家使用的主要方法。

框1.1　心理學家使用到的主要方法

實驗室的實驗：從某種理論衍生出來的一種假設在受控制的條件下受到測試，這些條件旨在減少兩種偏見，一是在所用主體的選擇上的偏見，二是在被研究的變量的量度上的偏見。所發現的東西應該是可複製的，但是也許不可以概括到更真實生活的背景中去。

田野裏的實驗：假設在實驗室之外進行測試，在更自然的條件之下，但這些實驗可能控制得不那麼好，較難複製，或不可能概括到其他背景中去。

相互關聯的方法：評估兩個或幾個變量之間關係的力量，例如，閱讀的水平和注意的時間跨度。這更像是資料分析的方法，而不是資料搜集的方法。

行為的觀察：必須清楚界定所說的行為，觀察該行為的方法應該是可靠的。觀察結果必須真正代表這個大家感興趣的行為。

個案研究：作為今後研究的思想的源泉，特別有用，並且可以量度在不同條件下，重複出現的同一個行為。

自我報告和問卷研究：這些東西提供主觀的資料，基於自我–知識(或自我反省)，它們的可靠性可以通過好的測試設計來保證，使測試在大量有代表性的樣本的基礎上達到標準化。

面談和調查：在搜集新想法時也很有用，從心理學家感興趣的人們的反應中取樣時，也有用。

任何科學的好與不好取決於它植基於上的資料。因此，心理學家在他們資料搜集的方法、分析的方法、解釋的方法，在使用統計和對分析結果的解釋上，都必須客觀才行。有一個例子，可以說明，即使所搜集的資料是有效可靠的，在解釋資料的方法上很容易出現毛病。如果有報告說，百分之九十的虐待兒童的人，在他們小時候也受到過虐待，那麼，很容易設想，大多數兒時受過虐待的人將會成為虐待兒童的人——實際上這類報道也常常出現在新聞媒體上。事實上，這種解釋在邏輯上和所給的信息不一致——大多數受過虐待的人並不重複這一行為模式。因此，作為研究人員的心理學家，既要學會以客觀的方式拿出他們的資料，不能出現誤導，又要學會怎樣解釋他人報告的事實和數字。這牽涉高水平的批評的、科學的思維。

心理學的主要分支

有爭論說心理學不是一門科學，原因是它沒有一個統領一切的範例或理論原則做它的基礎。它倒更像是由許多鬆散聯盟的思想學派組成的。但是，這恐怕是不可避免的，原因是它的主題。對有機體的生理學、生物學、或化學進行研究，給心理學家提供了原先所沒有的那種獨特的焦點，原因就是心理學家感興趣的是精神程序，而精神程序和有機體其他各方面是分不開的。於是，可以預期，對心理學的研究有許多

主張，有的更加藝術，有的更加科學，心理學的不同分支看起來就像完全分割開來的領域。下面的框1.2裏列出了主要的分支。

框1.2　心理學的主要分支

變態心理學：研究心理官能紊亂及克服的辦法。

行為心理學：強調能直接觀察得到的行為、學習和資料搜集。

生物(和比較的)心理學：研究不同物種的心理學，遺傳模式和行為的決定因素。

認知的心理學：集中注意力在找出信息是怎麼搜集、處理、理解和使用的。

發育的心理學：有機體在其生命周期內是怎樣變化的。**個人的差異**：研究大批量的人，以便找出和理解典型的變化，比如，在智力和性格上的變化。

生理的心理學：集中注意力在生理狀態對心理的影響，在感官、神經系統及大腦的工作。

社會的心理學：研究社會行為，以及個人與集體之間的相互作用。

在實際中，心理學的不同分支之間以及心理學和有關領域之間，有相當的部分是重疊的。

心理學的近親

心理學常和一些領域混淆——說真的，這種混淆還是蠻有道理的。第一，心理學不是精神病學。精神

病學是醫學的一個分支，專門幫助人們克服精神上的紊亂。因此，它集中注意的是事情出錯之後所發生的一切：即精神疾病和精神憂鬱。心理學家也在診所裏應用他們的技術，但他們不是醫生，他們是把心理問題和心理憂鬱的焦點同普通心理學程序和發展結合起來。他們一般不會開處方，他們往往專門幫助人們理解、控制、或調整他們的思想或行為，以便減輕他們的痛苦和憂鬱。

第二，心理學也常同心理治療相混淆。心理治療是一個牽涉面較廣的用詞，指的是許多不同類別的心理治療，但並不單指那一種。儘管這個用詞常被用來指對於治療的心理動力的和人本的主張，但是，它也有一種更廣博、更一般的用法；例如，最近，行為的和認知–行為的心理治療有了很大的擴展。

第三，還有許多相關領域，心理學家可以在其中工作，或與其他人合作，例如，精神測定學、精神生理學、精神語言學和神經心理學。心理學家在更廣闊的發展領域中也發揮着作用，其他人也對這些領域做出貢獻，例如，認知科學和信息技術，或者在理解現象(例如，緊張，疲勞或失眠)的心理生理學的諸方面。心理學可能是蠻有名了，連診所都用到它，但是，心理學只是大得多的一門學科的一個分支。

本書的目的與結構

我們的目的就是解釋和說明為甚麼心理學至今還是有趣的、重要的和有用的，因此，本書集中着眼於當代的材料。因為大多數心理學家對人感興趣，所以，大部分例子都是來自人類心理學。儘管如此，本書是以這樣一種假設開始的，就是成為心理學(這同成為一種植物或成為阿米巴蟲不一樣)的最起碼條件是擁有一套精神控制系統(用非正式的話講，就是「心靈」)，這套系統使有機體能夠既在世界之中又在世界之上運作。一旦大腦和神經系統進化到足夠的程度，能被當作一個控制中心來使用，那麼，它一定得會做某幾件事情：採集關於身外世界的信息，繼續追蹤這個信息，儲存信息以備後用，並且用信息來組織其行為，以便多得到一些它想要的而少得到一些它不想要的。粗略地講，就是如此。不同的有機體做這些事情，用不同的方式(例如，它們有不同的感覺器官)，然而，有些程序，所有物種又都類似(例如，某些學習的類型，某些情感的表達方式)。心理學家關注的中心之一就是找到這些東西是怎麼出現的。於是，第二章到第五章的內容集中在心理學家問的四個重要問題上：甚麼進入到我們的心中？甚麼留在了我們的心裏？我們如何使用心裏的東西？為甚麼我們會做我們所做的事？它們的目的是說明心理學家怎樣找出在知覺和注意(第二章)、學習和記憶(第三章)、思考、推

理和溝通(第四章)以及動機和情感(第五章)中所涉及的程序,企圖解釋它們以甚麼方式為我們工作。這些篇章集中在普遍性上:即人們的共性。它們的目的是描述我們的「精神的傢具」,並且看看心理學家所做的假設和他們為解釋其觀察結果而構建的一些模型。

　　心理學家對人們之間的不同之處,對他們明顯多樣性的決定因素,也感興趣。如果我們要更好地理解人們,那麼,我們就需要把一般的影響和個別的影響區別開來。要是只有一般的圖案和規則,我們都有一樣的精神傢具,那麼,所有的人在心理學意義上就是相同的,很明顯,他們是不相同的。那麼。我們該如何解釋他們是怎麼成為現在這個樣的,又該如何理解他們的分歧,他們的困難及他們的相互作用?第六章問道:人類的發育有沒有一個固定的樣式?第七章是關於個人差異的,它問道,我們能不能把人們分類?第八章問道,在事情出錯時,發生了甚麼?集中談變態心理學。第九章問道,我們如何相互影響?描述了社會心理學。最後,在第十章裏,我們問道,「心理學是幹甚麼用的?」,描述了心理學的一些實際用途,並且對今後可以期望的發展類型提出了一些推測。

參考書

James, W. (1890/1950). *The Principles of Psychology* (vol.i). New York, Dover.

第二章
甚麼進入到我們的心裏？知覺

仔細地看一看圖2.1。這是一個尼克爾立方體 (Necher Cube)的圖，全部由黑線構成，在兩維的平面上。但是，你所知覺到(perceive)的卻是一個三維的立方體。看這個立方體時間長一點，就出現了明顯的顛倒，於是，立方體的前面變成了面衝另一方向的後面。這兩種畫面輪番出現，甚至你想不讓他們出現都不行，好像大腦想要憑借不充足的信息使一幅模稜兩可圖畫變得有道理，對一種或另一種解釋感到滿意。看起來，知覺也並不僅是被動地從感官獲取信息，而是一個主動的建設程序的產品。

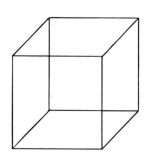

圖2.1　尼克爾立方體

更令人困惑的是魔鬼音叉的圖畫(圖2.2)，它用標準的暗示來誤導我們去追尋深層知覺。我們一時能看到，或一時又看不到，一個立體的、三叉音叉的圖形。類似的現象可以用其他感官來加以說明。如果你又快又穩地重複讀英文單詞say(說)，你會輪番聽到"say say say ..."和"ace ace ace ..."。問題是一樣的：大腦憑收到的信息工作，在沒有我們有意識指導的情形下，對現實做出假設，於是，我們最後了解到的東西是感官刺激(sensory stimulation)和解釋(interpretation)的結合體。如果我們在濃霧中駕車，或在黑暗中閱讀，很明顯得靠猜：「這是我們拐彎的地方還是另一條車道？」「是『很』還是『狠』？」感官程序部分地決定了甚麼東西進入我們的心裏，可是我們已經能夠看到。其他更隱蔽、更複雜的程序對我們知覺甚麼也有作用。

　　一般來說，我們都假定世界就是我們看到的那個樣子，其他人也同樣這麼看世界——即我們感官反映

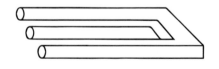

圖2.2　魔鬼音叉

的是一個客觀而共享的現實。我們假定我們感官所表現的世界，即我們生活的世界，精確得跟鏡子裏照出的臉一樣，或者精確得跟照相機拍的照片一樣，一個具體的瞬間，鎖定在時間中。當然，如果我們的感官不能為我們提供多少有點精確的信息的話，那我們便不能依靠它們了，但是，儘管如此，心理學家畢竟發現關於知覺的這些假定是令人誤解的。採集我們世界的信息不是一個被動的反映程序，而是一個複雜的、主動的程序，在該程序中，心靈和感官一起工作，幫我們構建一個對現實的知覺（perception）。我們不光是看到亮光、黑暗和色彩的模式——我們還把這些刺激的模式組織起來，這樣我們便可看到對我們有意義的物體。我們可以給它們命名或承認它們，把它們當成全新的物體或當成和其他東西類似的物體。從本書中我們將看到，心理學的主題從來就不是簡單的，它的有些最普通的問題也要靠在知覺上下功夫來解釋。首先，我們得確定哪些是有關的因素（在這個情形下，有三個：感覺、解釋和注意），然後，想法理解，並建立理論來解釋，它們相互作用的方式。

　　心理學對知覺的研究，大部分都集中在視覺，因為視覺是我們最發達的感官：大約一半的大腦皮層（大腦上旋繞的灰色東西）都與視覺有關。視覺的例子可以被演示，因此，在本章中主要是視覺的例子。

知覺真實的世界

知覺的第一階段是要找到說明外面有東西的信號。人類的眼睛只能捕捉到所有電磁能量的百分之一——即可見光譜。蜜蜂和蝴蝶可以看到紫外線，蝙蝠和海豚能聽到的音超過我們兩個八音度。因此，我們對現實的了解受到了我們感官能力的限制。在這些限制的範圍內，我們的敏感性仍相當驚人：在晴朗的夜間，從理論上講，我們可以看到三十英里外一支蠟燭的火苗。當我們找到一個信號，如亮光，我們感官的神經末梢就把一種形式的能量轉變成另一種形式的能量，於是，亮光的信息就作為神經衝動的一種模式被傳送出來。所有感官的感覺的原料都由神經刺激組成，這些神經刺激分別被輸送到大腦的特定區域。被解釋為看見蠟燭火苗的刺激，一定得達到視覺皮層，在被激活的細胞裏的火苗的模式和速度以及在被抑制的細胞裏的火苗的缺乏，兩者都要和細胞活動（或神經噪聲）的背景水平區別開來，並要被解譯出來。有趣的是，精確捕捉信號的能力，比單從關於感官系統的知識中所期望的要變化無常得多得多，而且受多種因素的影響：有些影響是明顯的，像注意，有的則不那麼明顯，牽涉到我們的的期望、動機或傾向，比如，在不確定時，趨向說「是」，還是趨向說「不」。如果你一邊聽收音機，一邊在等一個重要的電話，那麼你會認為聽到電話鈴聲，而實際上電話根本沒響；而假

如你沒在等電話，又全神貫注地聽收音機的節目，那麼，電話鈴響了，你也可能聽不見。捕捉信號的這種不同有着重要的實踐上的含義，例如，在給需細心保護的設備設計有效的報警系統時，或給複雜的機器設計控制板時。

為解釋這些發現而建立的理論，使心理學家能夠做出預報並檢驗預報。信號察覺理論(signal detection theory)認為精確的知覺不光靠感官能力來決定，而是靠感官程序和決策程序的結合體來決定的。根據當時所需的小心謹慎(或反應偏見[response bias])程度的不同，決策會有變化。實驗室的技術人員在掃描顯微鏡玻璃片尋找癌細胞時，對每一種異常都做出反應，以後再把「假的警告」排除，但是，決定何時超車的駕駛員，則必須每次都做出正確決定，否則就是撞車的危險。敏感度和小心謹慎程度的量度可以靠數「撞上的次數」和「假的警告」及應用相對簡單的統計方法來計算出來，這樣，便可預報甚麼時候能精確地捕捉到一個信號(一個癌細胞，或一部迎頭而來的汽車)。這些量度可以看到是可靠的，並且有許多實際使用的例子，比如，訓練航空交通控制員，他們關於一個雷達信號有還是沒有的決策，決定着是平安着陸還是一場災難。

所有的感官對環境中的變化的反應要比對靜止狀態的反應要好，當甚麼變化也沒有時，神經末梢就完

全停止反應，或習慣了(habituate)，因此，當你剛打開冰箱時，你感覺到有噪聲，但後來就感覺不到了。我們生活繁忙，或許有人會覺得，沒有感官刺激一定很好，但是，感覺剝奪(sensory deprivation)，或者沒有感官刺激，對有的人，可能導致可怕、怪誕的經歷，包括出現幻覺。經歷憂鬱的程度，隨人們期望的東西而變化。如果感官超載相當長一段時間，也會有同樣情況。最近去過流行音樂會、足球比賽或特別擁擠的超級市場的人，可以做證，這些經歷可能是刺激的、使人筋疲力盡的或令人困惑的。

知覺的組織

組織過的知覺使我們能認識我們知覺到的東西的模式，以便使其有些道理，但這種組織過的知覺來得那麼自然，那麼毫不費力，以至於難以相信它算是甚麼實質上的成就。電腦可以配上程序來下棋，但至今尚無法給電腦配上程序，讓它和那怕是相對初級的視覺技術來做一個比試。知覺的組織的主要原則，是格斯塔(Gestalt)心理學家在1930年代發現的。

請看一下魯賓的花瓶(圖2.3)，你要麼看到一個花瓶，要麼看到兩個剪影，但不能同時兩個東西都看到。如果你看花瓶，剪影就消失，成了花瓶的背景，但是，把剪影當圖畫來看，又把「花瓶」轉變為背景了。圖畫–背景知覺(figure-ground perception)之所以重

圖2.3　魯賓的花瓶Rubin's vase

要，是因為它基本上構成了我們看東西方式的基礎。
格斯塔組織原則的另外三條，在圖2.4中做了圖解，
就是類似、相近和關閉。從知覺的意義上講，我們把
相類似或相近的東西歸在一起(a和b)，如圖象不完整
(c)，我們就會把空缺的補上。這些組織原則幫我們找
出物體，把它們和周圍的東西分開。我們一般先找出
最重要的圖形，細節以後再看，因此，在圖2.5中，我
們先看到H後看到S。知覺的過程是否一直按這種順序
進行仍是未確定的。問題是我們對自己的現實的貢獻之
一，就是組織所收到信息時，用的是一種系統的方法。

　　格士塔心理學家相信，我們用視覺找出物品的能
力，及把它們和背景區分開來的能力，是生來就有
的，而不是後天學到的。從對大腦單個細胞所做的記
錄來看，有些細胞對有一定方向和長度的線條，特別
有反應，另一些細胞可能捕捉到簡單的形體或表面。

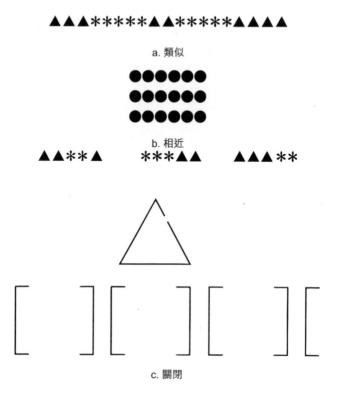

▲▲▲********▲▲********▲▲▲▲

a. 類似

●●●●●●
●●●●●●
●●●●●●

b. 相近

▲▲**▲   ***▲▲   ▲▲▲**

c. 關閉

圖2.4　格斯塔的類似相近和關閉原則

```
S          S
S          S
S          S
SSSSSSSSSS
S          S
S          S
S          S
```

圖2.5　先看見H後看見S

我們出生就有這種特殊的探測器，還是後來才發展出
來的？先天失明的成人，後來又獲得了視力，比如經
過手術切除白內障，這種人總是發現視覺特別難，而
且不斷犯視覺上的錯誤。儘管這可能有很多原因，但
是，看來視覺技巧是得學習的。例如，在漫散的燈光
下，動物以後腿站立，這樣做是維持了視覺神經，但
又失去了圖象的辨別，最後總會撞上東西。知覺受儲
存知識影響的程度及這種知識所創造的期望是驚人的
（見框2.1）。

　　創造一個知覺程式（一個指導知覺的期望）就比較
容易感覺某樣屬於該程式的東西——這就是為甚麼在
超級市場裏，「同一品牌」的物品較易找到，如果它

們看上去相類似，又和競爭品牌不同的話。

注意：利用有限的能力系統

知覺包括的不只是掌握辨別的技巧。它還包括提出假設，做決策，及運用組織原則。這些事情大多都是在我們不知道的情形下發生的，有時甚至我們都不知道自己已經知覺到了。這是因為進入我們心裏的東西是靠我們知覺系統的工作方式決定的，也是靠從引起我們注意的許多東西之中我們挑選的方式決定的。我們的大腦是有限的能力系統，最充分地利用大腦，可以恰當地指導我們的注意力。如果你在喧鬧的舞會上放錄音帶，那你聽到的是亂哄哄的嘮叨聲。但是，如果你開始和舞會中的某一位講話(或注意他)——你們的談話就會在噪音背景中突顯出來，你甚至不知道你背後的人在講法語還是英語。然而，若是友人提及了你的名字，即使沒提高嗓音，你還是非常可能聽得到。一般說來，我們按自己的願望來集中注意力，在低水平信息基礎上，把當時對我們無關緊要的東西過濾掉，比如，說話人的嗓音或噪音來自哪個方向。

這個規律有一個令人迷惑的例外，就是聽得到我們自己的名字。對於過濾系統是怎麼工作的，提出了好幾種解釋。對我們忽視的東西，我們必須有所了解，不然，我們就不知道我們想要忽視它們。知覺到某樣東西，卻又不知道我們已經知覺到了，這種情況

被叫做下意識的知覺(subliminal perception, 框2.2)。實驗室研究表明，我們的注意程序可以工作得非常快、非常有效，甚至它們可以保護我們，不讓我們有意識地聽到可能令我們不快的事情，比如，淫穢的或令人不安的話語。

　　注意是一種方法，我們用這種方法挑選進入我們心裏的東西——但是，我們並非一次只能注意一件事情。事實上，分散的注意力是很正常的。在來自不同渠道的信息之間，我們可以很容易地分散我們的注意力——這就是為甚麼我可以一邊看着鍋，一邊削馬鈴薯，一邊聽着孩子們的動靜。我甚至還可以同時想着銀行經理的來信，不過，我的多用性畢竟也有限度。航空交通控制員曾被訓練同時做許多事情：看雷達屏幕，和飛行員談話，檢查不同航班的跑道，並且閱讀交到他們手中的留言。只要交通流量屬於容易處理的狀態，控制員可以將其注意力分散，同時完成這些事情。然而，在發展安全系統期間，他們能力的模擬測驗表明，如果信息量太大，或他們太疲勞，他們的反應就被破壞，甚至變得很怪：站起來給飛行員指方向，可飛行員在幾千英尺的高空上，離他們好幾英里遠，或者大聲嚷嚷着要把信息傳過去。

框2.2　下意識知覺：自我保護的手段？

屏幕上有兩個光點，其中一個裏面寫了一個單詞，寫得很不清楚，看不清。當隱藏在光中的是個感情色彩較重的詞時，觀眾就說亮度不夠，太暗了，而隱藏在光中的是個愉快或中性的詞時，亮度就合適了。這被稱作知覺防衛（perceptual defence）因為它暗中保護我們免遭不愉快刺激的損害。

注意是個敏感程序，知道這一點並不奇怪。已經發現許多因素都干擾注意，比如，刺激之間的類似、任務的困難、缺乏技巧和練習、憂鬱或擔心、全神貫注或心不在焉、毒品、厭煩及感官習慣。用鐵路運送客人通過長長的地下隧道，如英法之間的海峽下面的隧道，這樣做比較安全的原因就是駕車太危險。沒有感官上的多樣性，知覺系統就會出現慣性，注意力就會離開主題。對不變化的刺激，我們能適應，或出現慣性，而趨向於新的東西。因此，靜靜地躺在浴缸裏，我不會感到溫度的逐漸變化，除非我突然地移動一下。

把知覺和注意結合在一起來看，我們實際知覺的東西是受內部因素影響，如情感和身體狀況，也受外部因素影響。害怕被社會拒絕的人，更容易感受到不友好的徵兆而非友好的徵兆，比如否定的面部表情，

在飢餓人的眼裏，食物的圖畫比別的圖畫更光彩奪目。這些發現證實，很多知覺是在我們不知道的情況下進行的，因此，我們不能肯定我們知覺到的東西和現實是否非常相符，或我們知覺到的和他人知覺到的是否非常相符。心理學家們已經建議，牽涉到兩種過程。

- 底朝上的過程(bottom-up processing)開始時，我們看見了真實世界裏的某樣東西，它觸發了一系列內部認知程序。這種「刺激－驅動」過程反映了我們對外部世界的反應，當觀看條件好的時候，這種過程將佔主導地位。

- 頂朝下的過程(top-down processing)反映了概念驅動的中心程序的貢獻。即使在對光和聲波做出反應時，我們每個人都會把過去的經歷(和注意)帶到眼前的任務上，而假如觀看條件不好，或我們的期望過於強烈，我們會更多倚賴內部信息而更少倚賴外部信息。

看一下28頁(圖2.6)上的三角形，看看它說了甚麼。你發現錯誤了嗎？大多數人第一次都找不到錯誤，因為他們對著名術語的期望(頂朝下的過程)干擾了精確的知覺(底朝上的過程)。當代知覺理論已經改變，也重視這類觀察結果了。例如，奈塞(Ulric Neisser)說，我們用過去經歷所建立的圖式來理解世

圖2.6

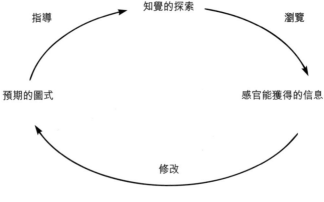

圖2.7　奈塞的知覺周期

界：我們過去的經歷引導我們構成對物體或事件(圖式)的期望，我們用圖式去預期我們可能要碰到的東西。我們的圖式從幼年時期就開始發展了，是圖式指導着我們對感覺世界的探索，於是，我們把進來的信息迅速過目，並根據我們找到的東西來修改圖式。根據這個觀點，知覺是一個不斷的、主動的周期，而不是一個單向的程序或一幅被動的照片，有甚麼就拍甚麼(圖2.7)。我們預期或期望的東西對我們所知覺的東西有影響，但是，實際上在那裏的東西影響着我們所預期的東西。想像一下，你要在人群中和一位朋友見面。你期望他的樣子還和平常差不多，於是，你開始找高個子、留鬍子的人，根本不看矮個子、鬍子刮得乾乾淨淨的人。突然，你朋友拍了拍你的肩膀。你沒見到他是因為他把鬍子刮了。假如你對圖式做相應的調整，那麼，下回你就不會找不到他了。因此，我們的期望，隨着我們接受新的信息，是在不斷變化和調整的，我們的知覺系統幫我們適應，適應的方法是有些動物所做不到的。青蛙捉蒼蠅靠的是感覺蒼蠅的行動，假如青蛙周圍都是靜止的(但也是可吃的)死蒼蠅，它照樣得餓死。

從知覺損壞中學習：把自己老婆當成帽子的人

　　知覺的複雜性在於知覺可以以許多不同的方式出錯。在《把自己老婆當成帽子的人》一書中，薩克斯

(Oliver Sacks)描述了當更複雜的、解釋知覺能力受到嚴重損傷時,會出現的情形。他的病人是個極有才華的音樂家,他的音樂能力或其他精神能力一點沒壞。他知道自己常出錯,特別在認人方面,但是並不知道除此之外還有別的甚麼毛病。他可以正常地說話,但已經不認得他的學生,而且,分不清無生命的物體(如他的鞋)和有生命的物體(他的腳)。有一次,和薩克斯大夫見面快結束時,他找他的帽子,可是卻伸出手來,想把他老婆的腦袋提起來。他不能辨別電視裏人物的表情和性別,也不會憑照片來找出自己家庭的成員,儘管憑他們的嗓音他倒分得清。薩克斯報告說,「在視覺的意義上,他迷失在一個由無生命的抽象物組成的世界裏」,好像他丟掉了一條重要的組織原則。他能看到的世界,就像電腦解釋的那樣,靠鍵盤的功能和概念化的關係,因此,叫他找出一隻手套,他就會把手套說成是「盛某種東西的容器」,或「自身折疊的一層表皮,(它)看上去有五個伸出的小袋囊」(原書第13頁)。這種嚴重的知覺損傷最影響的就是視覺的辨認能力:好像他能看到,但沒法理解或解釋他看到的東西。喪失知覺的解釋能力,如果他不得不單單倚賴視覺信息的話,他就到了徹底停擺(意指死亡──譯者注)的時候了,不過,靠跟自個哼唱着也能繼續或下去──活在音樂的、聽覺的世界裏,對此,他是特別技巧過人的。儘管他能像我們看尼克爾立

方體（圖2.1）那樣做假設（關於他老婆腦袋或手套的假設），但是他不能對這些事情做出評判。仔細研究高水平知覺功能的選擇性損傷，提供了線索，幫我們理解許多事情：這些功能所起的作用，不僅在知覺上，也在幫助我們生活於真實的世界裏；哪些功能在大腦是分別編了號的而那些功能的組織機構位於甚麼地方。

於是，知覺是複雜程序的最終產品，許多這類程序是在我們不知道的情況下發生的。心理學家對知覺已了解得很多，他們可以十分精確地模擬一個視覺環境，精確到讓受訓練的外科醫生利用「虛擬真實」（virtual reality）來練習做複雜的外科手術。視覺的真實創造了三維空間的幻覺，這樣，按一下電鈕，就可以夠到某樣東西或穿過「堅實」的物體。知覺系統能夠學習並能很快地適應，然而，能這樣做，是混雜的運氣。外科大夫長時間練習這個來調整他們標準知覺暗示的使用，以便在三維空間中安全行動，他們以後特別容易出車禍。

對知覺領域的這篇序言，僅僅開始回答了關於甚麼進入了我們心裏的問題。這個題目涉及許多更為迷人的話題，從知覺發展的看法到關於知覺的程序在何種程度上是自動的或是可以有意控制的爭論。目的是想說明，我們所知的現實，部分地講，也是一座個人的、通人性的建築。我們每個人在前進中都在為它添磚加瓦，而心理學家幫我們理解許多條件，這些條件

決定我們如何做此事。了解一點甚麼進入了我們心裏，我們就可以繼續問其中多少是留在心裏，變成我們學習和記憶的基礎。

参考書

Bruner, J. S., and Minturn, A. L. (1995) 'Perceptual identification and perceptual organization'. *Journal of General Psychology*, 53: 21–31.

Sacks, O. (1985). *The Man Who Mistook His Wife for a Hat*. London, Gerald Duckworth & Co., Ltd. (Picador, 1986).

第三章
甚麼留在了我們的心裏？學習和記憶

當你學習某樣東西，情況就不同了。有樣事情，你從前不會做的，現在會做了，像彈鋼琴，或者，你以前不知道的某樣事情，現在知道了，比如"empirical"意思是甚麼（經驗上的——譯者注）。當某樣東西留在了心裏，我們就假設它已經儲存在某個地方了，這種儲存系統，我們稱之為「記憶」。這個系統的工作並非十全十美：有時我們不得不「絞盡腦汁」或「追尋記憶」，不過，關於留在心裏的東西的、最平常的先入之見恐怕算是：總有一個把它全部儲存起來的地方。有時，一個人找不到他想要的東西，這東西恐怕總在某個地方，要是知道上哪兒去找就好了。可是，心理學家有關學習和記憶的發現告訴我們，用類似倉庫的東西來恰當地理解留在心裏的東西是行不通的。

關於記憶，威廉‧詹姆斯在1890年曾問道：「為甚麼這個完全是上帝賦予的本領，能把昨天的事情保存得比去年的事情要好，保存得最好的是一小時之前的事情？又為甚麼到了老年，它把幼年時的事情記得

那麼牢？為甚麼重複一個經歷就可以加深我們對它的記憶？為甚麼藥物、高燒、窒息和興奮能使忘卻很久的東西蘇醒？……這些怪事看起來挺稀奇古怪；說不定我們能看到一個先前的東西,也許正好是它們的反面。很明顯，這種本領並非絕對存在，而是在一定條件下才能起作用；而尋求這些條件成了心理學家最感興趣的任務。」 (*Principles of Psychology*, i. 3)

理解留在心裏的東西仍然向心理學家提出挑戰。他們的研究揭示了許多怪事。例如，實驗室工作和診所的觀察結果都表明，對遠久事件的記憶和對近期事件的記憶有不同的特點。患遺忘症的人可能保存對兒時的記憶但卻發現幾乎不可能獲得新的記憶，比如，他們剛剛見過的人的名字。或者，他們能說得出時間，卻不記得現在是哪一年，或能記得新房子的布置陳設。對有些人，學習新東西看起來簡直不可能，儘管他們能精確地描述自己的童年，也能重複你剛剛朗誦過的詩句。他們可以很快學會新的運動肌的技巧，如打字，但卻否認以前見到過文字處理機。儘管在這種情況下，損傷的根源好像應位於大腦的某一特定部位(海馬趾)，但卻找不到儲存室，即神經的銜接點，或連接各銜接點的「線」網終止的地方。我們每天不假思索在使用着的學習和記憶的程序，就是這麼緊密地連在一起，它們複雜得很，以至於至今尚未證明有可能造一台能精確地模擬它們的電腦。

我們以學習作為開始，來說明心理學家怎樣理解這些不同的方式，學習就是用這些不同的方式「創造不同」。

學習

我們傾向於認為學習的能力是由這樣一些事情決定的，你到底有多麼聰明，你是否集中注意力，出現困難時，你能不能堅持下去。但實際上，學習的種類很多，有許多學習並不需要刻意的努力或正規的訓練。我們一直在學習，即使我們並沒想這麼做，我們學習的某些方法和動物的很類似，只不過我們的能力大一些。人類的學習是由一系列不同的方式激活的。嬰兒出世的環境相差很大，甚至在基本條件上也相差很大，比如，他們是怎麼帶的，怎麼餵養的，怎麼保溫的，總之，適應是至關重要的。嬰兒適應得那麼快那麼好，是因為他們容易學習，因為他們對某些類型的事情反應特別強：

- 可能發生的事情——甚麼和甚麼一起發生；
- 差異——與常規的不同之處；
- 以及相互影響——和別人相互作用。

學習可能發生的事，就使某人學會做事情：打開龍頭，水（一般就）流出來了。通過學習開龍頭、關龍

頭，我們就學會了控制水流。小寶寶重複地探索可能發生的事：來回揮動胳膊，打一樣東西，發出一個聲音，於是就一次又一次地做這事，直到他們能控制他們搞出的聲音為止。對可能發生的事情的這種明顯迷戀，是其他類型學習（如技巧的學習）的重要基礎。一旦你掌握了一種技巧，你不假思索都會做，那你就會把注意力轉向別的東西：當你毫不費力就能讀出單詞時，你就會考慮它們的含義了。如果你能把一首曲子自動地彈出來，你就會考慮怎樣解釋這段音樂了。

一旦你知道期望甚麼，那麼，差異就變得很迷人——只要差異別太極端。孩子世界裏的小變化（新類型食物，在不同的地方睡覺）引起探索，幫助孩子學習，但是，如果每一樣東西都突然中斷，那又會令孩子痛苦萬分。同樣，用不同的方式唱同一首歌（做同一個遊戲）會很有意思，只要你知道其基本式樣。這種靠製造差異來學習的能力是持久的和基本的。老人如果已有相關的儲備知識，因而知道留意和調整差異，那麼，他們學習新的東西就比較好，而學習完全新的東西則比較差。

對嬰兒說來，為了生存，和別人交易是必要的。嬰兒參與交易的方式，先是哭和看，後來是笑及更複雜的方式，使他們學習到並會控制他們的世界。嬰兒因需要某樣東西而哭，這個嬰兒參與了（儘管不知道）一項影響他人的活動。倒不是參與甚麼權利鬥爭，操

縱人們的注意力，而只是開始一項能幫它生存的交易。若沒人理它，這嬰兒最終只好放棄努力，變得冷漠無情，好像它也曉得這麼做沒用。嬰兒(實際上成人也一樣)對可能發生的事，差異和相互影響特別易起反應，而這些事情激活了涉及學習的一些基本程序。

在許多不同類型的學習中，最基本的恐怕算是，聯想學習(association learning)或條件反射(conditioning)。古典條件反射(classical conditioning)最早是在1920年代，巴甫洛夫在研究狗的時候發現和理解的。巴甫洛復找到了一種方法來度量狗對食物產生反應時分泌的唾液，然後，他留意到狗在得到食物之前就開始分泌唾液了。唾液的這種反射的，或無條件的反應(unconditioned response)是由與食物相聯的東西引起的，比如，碗的出現，帶食物來的人，或和食物相配的鈴聲(食物出現時鈴就響)。巴甫洛夫認為實際上任何刺激都可以變成唾液的條件刺激(aconditioned stimulus)──節拍器的聲音，畫在大卡片上的三角形，甚至一次電擊，於是他得出結論，當先前的一個中性刺激(鈴)和無條件的刺激(unconditioned stimulus)(某種我們自然要對它有反映的東西，如食物)聯繫在一起時，學習就發生了。經典條件反射的變體、決定因素和極限都已被細心地研究過了，因此我們知道條件反應是怎麼漸漸消失或普遍化為類似的東西的；情感怎麼能被調節(孩子對浪的懼怕)和反調節(在海邊行

你看，我們有這個東西。 每次我按一下這個，就會有一顆丸。

圖3.1. 從不同的角度看

走時抓住大人的手)以及在「一次性學習」裏怎麼能戲
劇性地製造新的聯想，就像某種特別食物令你作嘔，
你再也不想碰它。

最早是斯金納(B.F. Skinner)研究的操作性條件
作用(operant conditioning)，解釋了在學習中強化
(reinforcement)所起的作用。發生作用的調節提供了一
種有力的手段來控制人(和動物)學習甚麼和做甚麼。
主要想法是，如果一個行動後面跟着一個好的後果，
那麼這個行動就會被重複——或是被人重複，或是被
老鼠重複。假如按一下槓桿，會帶來一粒食物丸子，
那麼，老鼠就會去學按槓桿。越餓學得越快，而憑食

物丸發送的速度就可以精確預計出老鼠反應的力度。假如食物丸是間歇地和不可預測地出來(水果機之所以吸引我們,就是這個道理),那麼老鼠「工作」得最起勁,假如食物丸不管老鼠怎麼做,都要隔一段時間才出來,那麼老鼠勁頭就不那麼大了。因此,拿不變的計時工資去做枯燥重複的工作的人,和拿計件工資的人相比,很快就失去了工作勁頭。運用增援的原則,學習的非凡業績已經被展現出來,比如,教鴿子用它們的嘴「打」乒乓,逐漸朝正確的方向調節它們的行為。

操作性條件作用有許多實際應用的例子。假如你想要一個學到的反應繼續,比如叫孩子收拾好房間,你就應該間歇地而不是不停地獎勵他。假如你偶然地獎勵了一種你想減少而不是增加的行為(比如,大發脾氣,光火),那麼你就會不小心加強了這種行為。如果獎勵來得太晚,那它的效果就差多了(收到員工的報告之後一個星期才感謝他們,而沒有馬上感謝)。這樣,增援就為學習機器提供了燃料,學習機器正反面工作得都很好,若增援者是正面的,那就是提供好的東西;若增援者是反面的,那就是拿走不好的東西。如果你錯過了演出,你就學習提前計劃好時間。

斯金納對懲罰有強烈的不滿,懲罰很容易和反面增援混淆,但卻和它很不相同。他相信懲罰是幫助人們學習的一種無效方法,因為懲罰很痛苦卻又無益。懲罰壓制了一種行為,卻又不說該做甚麼來替代前一

種行為。事實上，懲罰引起複雜的問題。懲罰可能有效，比如減少某些精神失常兒童的自我傷害行為，處罰可以以溫和而有效的方式實施(向臉上噴水，或在那種情形下，沒時間了)。但是，它的有效可能是暫時的，或只是在特殊條件下才有效(青少年和朋友在一起可能吸煙，但在他們父母面前則不會吸煙)。懲罰往往不容易馬上執行，處罰傳送很少的信息，而且還可能無意地成為帶獎勵的——老師對調皮學生的申斥可能吸引班上其他人的強化的注意。

在學校、醫院和監獄等背景中，發生作用的原則已被轉變成為有效的行為矯正(behaviour modification)技巧。理論上說，它們提供預測和控制他人行為的力量。為訓練小孩控制便溺培養用廁所的習慣，而使用這種力量，是一回事，為政治目的而使用這種力量則是另一回事。這種濫用力量或許不像原先擔心的那麼危險，原因是，從心理學的意義上講，在引起人們行動的一系列事件中，既有餘地留給決定論的要素，也有餘地留給自由意志的要素。聯想學習不是僅有的可能。如果你留意到廣告商把新車和性潛力聯在一起，那麼你可以在更理性的基礎上，決定要它還是不要它。如果有人懷着不純的動機對你好，你可能發現這種接觸是無益的，於是可能發生的事就失敗了。很清楚，我們也可以使用其他學習類型和其他認知的的能力。

觀察型的學習(observational learning)，靠模仿和觀

看別人來學習，提供了捷徑，它繞過了必要的實驗和錯誤，也繞過了聯想學習所依靠的即時增援。學校裏的學習大部分都是這種類型，它也解釋了我們怎麼獲得關於我們社區的社會規範的看法和信息(見框3.1)。

框3.1　觀察型的學習：別人樹起了壞榜樣

小孩在實際生活中、電影裏或在漫畫裏看到別人玩玩具，有時這個人打了一個洋娃娃。孩子們後來也被帶到同一間遊戲屋去玩玩具，有的孩子不太開心，因為做實驗的人把他們正在玩的玩具拿走了。不開心的孩子想模仿他們看到的尋釁行為，更多是照抄實際生活中的模特而非電影或漫畫中的模特。進一步的研究表明，孩子們更可能模仿和他們自己類似的模特(同年齡、同性別的孩子)和他們仰慕的人。

班杜拉和華爾特斯(Bandura and Walters)，1963 年

潛在學習(latent learning) 是不直接顯現出來的學習。如果你看過一個新城市的地圖，或作為旅客曾穿過該城市，那麼，比起完全不了解該城市的人來，你認路要快得多，而且你的學習優勢都可以精確地量出來。頓悟學習(insight learning)出現在你突然看見解決問題方法的時候：怎麼修理壞了的燈。這種理解剎那間就出現，還不清楚，究竟它純粹是先前學習的結果或是它涉及了精神上用新的方法把老的反應結合起來，就像我們用新的組合方法使用單詞來表達我們的意思那樣。

學習的認知理論離開了聯想的觀點，試圖解釋其他程序的影響，如注意、想像、思維和感情。一旦我們開始看到新的學習和心裏原有的東西結合的方法，學習和記憶的區別就變得模糊了。記憶，同知覺一樣，是一個主動的程序，而不僅是一盤錄下了你所學到東西的帶子。對你學的材料使用得越多(閱讀法文報紙，跟法國朋友說話和寫信，看法文電影，複習語法)，記得就越牢。被動吸收的材料很容易就忘了，而對於留在心裏的東西說來，學習能起的作用相當大，通過探索我們記住的東西的決定因素——找出記憶是怎麼運作的，就能更充分地理解學習的作用。

記憶

記憶的大問題仍然是「它是怎麼運作的？」下列發現說明了某些困難。早在1932年，巴特萊特(Frederic Bartlett)就已說過，記憶不單是把我們接收的信息精確記載下來的問題，記憶還得讓新信息融入原有的東西，並創造出一套說得通的解說詞(見框3.2)。

巴特萊特認為收回的程序也涉及再建，再建受到人們頭腦中原有的框架的影響。於是，記憶，就像知覺一樣，既是帶選擇性的又是帶解釋性的。記憶涉及建設和再建設。

框3.2　鬼魂的戰爭

巴特萊特給人們讀了個美國印地安人的傳說，接着，部分
靠對精神世界陌生信仰的理解，他發現他們在記這個故
事時所犯的錯誤不是隨便的，而是有系統的。在這個傳說
中，某人看到了鬼魂打仗，他把他看到的告訴其他人，然
後，突然死於鬼魂給他留下的一個傷口。人們把這陌生的
材料融入他們先有的看法和文化期望，使它能說得通。例
如，「他的嘴裏出來一些黑東西」，重新說時就成了「逃
亡的呼吸」或「在嘴邊流泡沫」，而故事裏的人都被假定
為某一名為「鬼魂」的宗族幫派的成員。另外，在記這個
故事時他們所做的改變也和他們頭一次聽到故事是的反應
和情感吻合。一個人說，「我主要靠跟着我自己的意像寫
出這個故事的」。

巴特萊特（Bartlett），1932年

　　我們對事件含義的記憶要比對其細節的記憶精確
得多，我們賦予事件的含義影響着我們記得的細節。
在水門事件審訊期間，心理學家奈塞比較了白宮保存
的談話錄音帶和從見證人之一，第恩(John Deane)那裏
得來的關於這些談話的報告。約翰·第恩的記憶力好
得出奇。奈塞發現第恩回憶的含義是精確的，但其細
節則不是，包括一些特別「難忘的」詞句。第恩對發
生了甚麼回憶得是正確的，但對用過的詞彙和討論題
目的順序，他的回憶則錯了。

　　在特別重要和充滿情感的時刻，細節在我們的記

憶中往往得到更好的「修復」。然而，即使在這種情形下，兩個人對同一事件細節的記憶可能會非常地不同。如果當我們決定結為夫婦時，我面對藍色的大海而我丈夫面對混暗的樹林，二十年之後，我們可能為當時我們在甚麼地方而爭論，指責對方忘記了重要的、共享的回憶，因為一個記着的是黑暗，另一個記着的是亮光。「過去[⋯]總是反訴人之間的爭論題目。」（Cormac McCarthy, *The Crossing*, p. 411）

我們如何在反訴者之間做出決定仍然是個重要問題。可能有的人在痛苦和傷心的條件下被帶大，在其中，他們感到被忽視和被犧牲，後來，精確地記起這些兒時的事件對他們的含義，但是對細節的記憶是不正確的。這可以解釋虛假記憶症（false memory syndrome）的情形，患該症的人，據說是「恢復了記憶」，比如，記得小時侯受過某種程度的虐待，結果卻並不準確。不尋常和激烈的經歷的細節記得很精確，這也是可能的。記得的細節及相信這些細節是精確的，相信有這兩條就可以證明記憶是正確的，那就錯了。

即使我們確實精確地記得細節，我們記得的細節在我們記憶裏也不是固定的，而是可變的。如果我在十字路口目擊了一次意外事件，後來被叫去問發生事情的細節，例如，問汽車是在樹前還是樹後停下的，那麼，我很可能在我的記憶裏插入一棵樹，即使根本

沒樹。一旦插進了樹，那麼，它似乎也成了原始記憶的一部分，於是，我再也分不清哪個是我「真正」的記憶，哪個是我後來記得我記得的。因此，記憶可能被復述所改變，法庭上詢問見證人的問題（「你見到一盞破了頭的燈嗎？」和「你見到那盞破了頭的燈嗎？」）影響記起的東西，而人們卻不知道已經發生了影響。

人們往往希望有完美的或攝影記憶。然而無法忘記也有其劣勢（框3.3），我們擁有的創造性的、不太精確的記憶和忘卻的系統，可以很好地適應我們的目的。

記憶的模式怎麼能說明如此不同的發現呢？關於記憶的功能，它們又告訴了我們甚麼呢？有人提出三種很不相同的記憶儲存，它們接收信息和失去信息的方式不同，而要說明關於記憶的觀察結果，需要這三種記憶儲存。感覺儲存（sensory store）從感覺（圖象和聲音）獲得信息，在記憶裏保存一秒鐘，我們在此時決定注意甚麼。我們忽視的東西馬上就丟失了，而且再也無法補救，因為它像亮光和聲音一樣消退了。有時，一個人沒注意時，可以抓住某人說話的回聲，而實際上，一秒鐘之後就甚麼都沒了。注意某樣東西，就把它轉入短期儲存（short-term store），其容量為七項東西。於是，我們記電話號碼，維持的時間大約夠我們撥打這個號碼。短期儲存的容量有限，一旦裝滿，

舊的信息就被新的信息替換掉。然而，繼續注意，在心裏反復考慮，或復述信息，將其轉入長期儲存(long-term store)，其容量應該説是無限的。這好像意思是説，在長期儲存中的信息永遠不會丟失，只要你知道怎麼去找。遺忘還是會出現，因為在我們試圖回憶時，類似的記憶會混淆，會互相干擾。除非我們擁有記憶術專家的心，不然，一次生日晚會會和另一次攬在一起，我們最後記得的是生日的意義而不是在我們五歲、十歲、十五歲時究竟發生了甚麼。一般的含義要比細節中得多，除非有某樣東西為我們標出了那些細節（一個二十一歲的生日晚會或一次出人意料的晚會）。

　　那麼，你怎麼確定究竟發生了甚麼？或者我們有

必要這麼做嗎？進化理論的考慮有助於說明為甚麼記憶是那樣工作的。我們的記憶系統並不是因為我們需要把東西和事件分類才存在的，而是因為我們需要改進我們的行為。我們的心，包括我們的記憶，看起來都很適合變化着的情況。有我們需要記住的東西，比如怎麼閱讀，我們的朋友是甚麼樣的，我們下一步該做甚麼，也有我們不必集注的東西，比如，我們過去的精確的細節。餓了有助於我們記得買吃的東西，這是可改進的；如果我們心情憂鬱，傷心的記憶就更容易進到心裏，這或可改進或不可改進。看起來，有零碎的記憶也就夠了，我們可以根據興趣從中挑選，或者用創造性的和有用的方式來組織這些零碎的記憶。心裏有一些暗示、提醒物或部分零碎的記憶，我們就能選擇、解釋及把一樣東西和另一樣東西結合，以便利用我們學到的和記得的東西。

沿着這些字行思考把當代心理學家引導到認為記憶是一種活動，而不是一種東西——或者是一系列活動，涉及複雜的譯成電碼的系統和恢復系統，其中有些系統要分別進行研究。像第二章描述過的知覺系統一樣，這些系統也要運用組織的原則。信息更容易留在心裏，如果這信息在某種程度上是有關的、有特色的、已經精心研究過的、有意義地處理過的而不只是表面處理過的。當要記它的時候(在你漫步超市時，想到「野餐食物」或「學校午餐」)，組織我們想要記住

的信息,就有了一種優勢。一些總的組織原則已經被發現,但是,與此同時,我們每個人又都基於過去的經歷搞了一套個人的組織系統。於是,我們用不同方法把進來的信息譯成電碼或組織起來,在恢復信息時,重點順序和興趣也都不同。這有助於我們適應現在的情況:避開那些我們覺得乏味的人,尋找感到滿意的工作。但是,它也意味着我們的記憶不僅是過去的照片。正像我們看到的,知覺和參與外部世界有助於我們建立現實的觀點,於是,我們看到,學習和記憶也是主動的、建設性的程序。另外,由於許多目的,我們記憶的精確性可能是與問題無關的。為了充分使用留在心裏的東西,更重要的是記住含義,並學會怎麼找出細節,而不光是精確地記住所發生的事情。

參考書

Bandura, A. and Walters, R. H.（1963）. *Social Learning and Personality Development*. Orlando, Fla., Holt, Rhinehart & Winston.

Bartlett, F. C.（1932）*Remembering*. Cambridge . Cambridge University Press.

Luria, A. R.（1968）. *The Mind of a Menmonist*（trans. L. Soltaroff）. New York, Basic Books.

第四章
我們如何使用心裏的東西？思考、推理和溝通

不加思考地行動，不停下來想一想，不通情達理或不符合邏輯及不能表達自己，這些缺點是每個人都很敏感的。假定我們做以上的事，我們就不成功（failing）：我們應該行動之前想一想，考慮周到、通情達理，能把直截了當的思想變成言語。涉及思考、推理和溝通的技巧產生了文學、醫學、微型集成電路片、及家中的幾頓飯，沒有這些技巧，我們就不能像現在這樣運作。但是心靈，正如我們已經見到的，是一個有創造性的儀器，不僅是忠實地記錄、儲存、分析外部信息的接收者，而且心靈並不總是按邏輯的嚴密規則行事的。心理學家的調查結果告訴我們，認知的技巧，如思考、推理和溝通，不僅是合理性的產品，它們的價值及它們工作的效率也不是單單靠合理性的標準就可以衡量的。

隨着心理學的重點離開行為的研究，更多地集中在內部程序上，開始從三個角度探討認知的研究：認知心理學家已經搞出了越來越複雜的、基於實驗室的

實驗方法；認知科學家搞出了計算機程序來創造和測試人工的「智能」機器，神經心理學家研究了腦部損傷病人的認知程序。在本章中，我們將看到，這三種角度的探討加深了我們對人類認知的理解。

為了思考，我們必須得有可思考的東西。在第二、三章中，曾討論到，「原材料」，即進入和後來留在我們心裏的東西，不僅是由客觀世界的本性決定的，也是由我們知覺和注意能力的結合決定的，也是由涉及學習和記憶的程序決定的。如果我們能組織我們的知覺到的事，使它們有意義，需要時搜集信息，並用信息來思考、推理和溝通，那麼我們就可以制定計劃、出主意、解決問題、想像多少有點稀奇古怪的各種可能性，並告訴別人。心理學家還在尋找出更多的關於我們怎樣做這些事情的情況。

思考：基礎材料

我們對概念的理解，來自哲學家、語言學家和心理學家的工作。概念就像積木一樣幫助我們組織我們的思想，對我們的經歷做出恰當的反應。概念就是把我們知道的東西加以簡化和歸納得出的抽象；概念包含一般的信息和具體的信息。例如，馬鈴薯、胡蘿卜和韭菜都是蔬菜，都可以燒來吃。如果有人告訴我們肥根芹菜是蔬菜，蔬菜這個概念告訴我們(大致上)該拿它做甚麼用了。概念是通過直接接觸物品和情況形

成的，也可以通過接觸代表這些物品和情況的符號或記號，如字母和詞匯，來形成。我可以通過吃、種、閱讀木薯，來了解它。

利用概念讓我們用符號表現我們知道的東西——用一樣東西代表另一樣東西——於是，「Ｔ」可以代表語言中的一個音，而記號「Ｔ」則可以代表同樣形狀的某樣東西：「Ｔ」型路口(即「丁字路口」——譯者注)、「Ｔ」型酒吧或「Ｔ」恤衫。對我們來説，在日常生活中有的概念比另外一些概念更有用一點(馬鈴薯比蔬菜或晶片更有用些)，而這些「基本概念」學習起來，比那些看來應該高於或低於它們的概念，要快得多。即使是這些具體的概念，也是出人意料地不精確或「模糊」。胡蘿卜肯定算是蔬菜，但馬鈴薯和南瓜可能就不算。有一種理論建議我們按一種典型，或一套特定的要點，把概念組織起來，心理學家已經發現一個物品離這個典型越遠，就越不容易學習它、記住它和認出它。原型理論(prototype theory)是有用的，它能揭示具體概念用何種方式影響我們思考，但它在說明我們使用抽象概念方面則做得不好，例如，「才幹」一詞恐怕就沒有明顯的原型。

我們往往認為我們有意識的心靈，在大多數情形下，是受控制的。我們考慮我們正在做的事情，解決問題，並做出有意識的選擇，像穿甚麼、吃甚麼或説甚麼。我們也會描述我們剛做完的事情並考慮我們的

活動、希望和恐懼。我們認為自己在有意識地思考、控制、檢測自己的行為，而這樣做使我們成為「有思想的」或「理性的」人類，而不像松鼠那樣，被春天的溫暖弄醒之後，「想都不想」就去尋找儲藏的堅果。過去二十五年裏，認知心理學家所進行的研究已經說明，在我們思考時，許多不同的程序在表面之下進行着，他們的研究改變了我們關於思考性質(有意識的和邏輯的)的假設。

比如說，思考也不總是件有益的事情。長時間進行某些活動之後，原先需要仔細思考的活動，如打字或駕車，變得自動了，可以在進行這個活動的同時進行別的活動，如談話或為假期做計劃。我們可以「不用思考地」做這些事情，如果你問一個專業打字員，某個字母在鍵盤的甚麼地方，那個人為了回答你的問題，就不得不做有意識的努力，還可能模仿有關的動作。如果需要，下意識的神經活動(有時)可以被帶到意識中去。但是，有意識地思考那些已經成為自動的活動(換檔、下樓梯)是會引起分裂的。把它們歸到下意識可以提高效率，讓我們可以不加思考地做這些事情，即使偶而心不在焉付出代價也沒甚麼——把冰凍的豌豆放到麵包箱裏，或者開車回家時忘了拐到郵局一趟。這樣做，可以讓多餘的思考能力去做更重要的事情。這種認知錯誤的研究表明，有壓力、疲勞和混淆時，錯誤就增加，在這種情況下，「停下來想一想」可以減少這種錯誤。

非意識的精神活動肯定影響我們，即使它們處於我們不知道的狀態中。解決問題的方案、創造性的主意可能不用我們提前思考就會進入我們頭腦裏，比如，當某些記憶或知識被我們不知道的暗示所激活，使我們能看到前進的新路子：怎麼談判一項交易或怎麼關緊一扇破窗戶。更令人驚奇的是，我們也可以做出行動的決策而不知道已經這麼做了。奧林匹克的短跑選手可以在他們有意識地聽到發令槍聲之前不足十分之一秒的時間裏起跑，而在人們知道他們想動作之前，大腦活動的變化已可以找得出來。

關於「盲景」的發現恐怕算是更具戲劇性的。一次外科手術之後，一位半盲的病人說，在他視野的某一部分他甚麼也看不見。然而，他依然能說得出，放在他視野的這個部分的那盞燈，究竟在還是不在，他還能，在憑運氣水準之上，區分移動的靜止的物品。儘管他認為他是在猜，但是，他的「猜測」反映了他一直不知道的知覺。這麼看來，從心理學角度講，思考和有意識的反復思考並不同義。對我們來說，認識到思考只有在下面幾種情況下才有用：當我們不得不做困難的選擇（要不要換工作）時，不能自動處理的事件發生的時候（車壞了，你束手無策），當意想不到的情感出現時（某人搞得你十分光火）。

我們思考時所用的概念不必非得精確、固定到像我們在思考、推理和溝通時那麼有效的程度。通常認

為，這些活動若符合我們學過的規則，如邏輯的和語法的規則，那麼它們就最成功。不過，在實踐中，它們的成功還有許多其他決定因素。

推理

推理涉及對我們掌握的信息進行運作，以便得出結論，解決問題，做出評判，等等。哲學家和邏輯學家區別三種不同類型的推理，這三種推理對解決不同類型的問題很有用：演繹推理、歸納推理及辯證推理（deductive, inductive, and dialectical reasoning）。儘管這些推理為我們的理性提供了基礎，但是它們依然受心理程序和邏輯程序的影響。

演繹推理遵循正式的規則，讓我們做出結論，而結論又必然來自結論建之於上的前提。從兩個前提出發，一是「如果我在講話，那麼我就在有意識地使用我的大腦」，二是「我正在講話」，我們就可以得出結論「我在有意識地使用我的大腦」。若前提中的任何一個錯了，結論也可能不對，但推理並沒錯。研究演繹推理的心理學家已經發現了一些典型的錯誤，例如，接納不受歡迎的結論時有困難——吸煙引起癌症——或者在變化着的、受尊重的信仰，例如，所有的母親都是仁慈的。在思考不是這種情況的東西時，我們特別糟糕。見框4.1。

框4.1 錯誤的思考

問：下面的爭論對嗎？

前提：如果天下雨，佛萊德就淋濕了。天沒下雨。

結論：佛萊德沒淋濕。

超過30%的學生答錯了。邏輯上講，不能得出有效的結論，因為前提並未指出若不下雨，佛萊德會怎麼樣。若加上第二個前提；「如果天下雪，佛萊德就濕了」，犯錯的比率就大幅下降。

伊萬斯（Evans），1989年

當不知道前提是真是假的時候，使用演繹推理常會出錯，因為我們的思考會偏向於增強我們現在的信仰而不想接納與它們對立的信息。

事實上，我們的思考常受制於許多不合邏輯但卻相當有用的偏見。你的一位朋友正坐在家裏看足球賽。他跟你說，如果他的隊勝了，他就去酒吧。他的隊敗了，於是你「合乎情理地」，儘管不是「合乎邏輯地」，到他家去找他(儘管他從未說過在這種情況下，他會到哪兒去)。僅用演繹推理，並不至於叫你得出這個結論，但是你的「非理性」幫你見到了你的朋友。

歸納推理是科學較多倚賴的一種推理。研究人員做了許多仔細的觀察，然後才得出結論。這些結論，研究人員認為可能是真實的，結果以後發現的信息又可能說明這些結論是虛假的。在日常生活中，常常這

樣用：「瑪麗批評了我所說的，並毫不猶豫地不考慮我的論點」。「因此，瑪麗是個苛求的人」。歸納推理讓我們得出的結論，看來是基於我們的經歷的，而大多數情況下，倒也工作得不錯。然而，這種或然論的思考可能是錯的，不僅因為會出現不尋常和罕見的事件，還有許多別的原因。主要原因之一我們找出符合我們結論(或懷疑)的信息，是在我們處於疑惑的時候，而不是通過更符合邏輯的、更有情報意義的程序來找出信息，說明我們是錯的：例如，在上面的例子中，是我的確犯了許多錯誤，而不是瑪麗太挑剔。正如威廉·詹姆斯所說的，「許多人以為自己在思考，其實他們只是在重新安排他們的偏見」。另一個問題是，我們總是在尋找自己期望的東西，而期望不免受感情的左右。

推理是件難做的工作，常常把沉重的負擔加在記憶上面。在實際中，我們用不少啟發性的東西(heuristic)，或經驗的方法，來指導我們思考。啟發性的東西幫我們解決複雜的問題。例如，可用啟發(availability heuristic)涉及到，在把有關東西帶到心裏有多容易的基礎上，估計某種類型事件的可能性。越是可用，對我們就越顯得可能。因此，打印機若是不行了，我做的第一件事就是檢查一下電源打開了沒有。我通常犯的錯，一下子蹦到我心裏，而這個簡單的動作很快解決了問題。因此，伴隨着啟發性東西的、解

決問題的優勢超過了它的劣勢。主要的劣勢是，可用性的——蹦到我心裏東西的——決定因素很多，比如，信息是否是最近才想到的，特別形象生動，或情感充實，所有這些因素在邏輯上可能講並無牽連。害怕飛行的人總傾向過高估計發生空難的可能性，如果最近剛聽到過空難的消息，那麼他們的表現就更來勁。

辯證推理是評估反方觀點、進行批評性思考、進而確定甚麼是真的或假的、或解決分歧的能力。它指的是思考時使用推理技巧範圍的能力，而不是指一種符合邏輯的、科學的方法。心理學同辯證推理間的困難出現在下列情形：當某人的正確成為重要的事情，當要別人接受他們的信仰變為重要的事情。當人們是正確的時候（或站在勝方），自尊得到加強，當人們是錯誤的時候（或站在敗方），自尊受到打擊。許多心理學因素干擾了我們以開放的心靈進行思考的能力，經驗、感情及愛好就是其中的幾個因素。為了辯證地進行推理，我們需要吸收和記住許多複雜的信息，並且，不動感情地、批評地分析問題。我們的感情和記憶給我們的推理能力設置了適度的限制。我們接受到的消息的「包裝」也做了同樣的事情。例如，在電視上推出政治信息，縮短了信息並使其容易消化和容易記住。這明顯地干擾了批評性的思考。以消遣或娛樂的方式呈現在我們面前的、簡化了的主意，很容易被人獲取，即使一邊心不在焉地看電視，一邊做着別的

事情，也不要緊。因此，思考也會被信息抵達我們的方式所影響，而心理因素更增加了思考和推理中的複雜性。

現在我們需要的是好的理論，用以解釋和預測人類推理是怎麼進行的，及為甚麼建造恰當的、人工的推理模擬會那麼困難。一個最有希望的理論可能性就是我們組建心理模式（mental models）來表達我們所知道的東西，以及在我們認為是這些模式的基礎上所評估出來的前提下，來表達結論的確實性或不確實性。因此，思考和推理的程序依靠的是我們建造內部概念表現的方式，及其他思考工具，如意象和建議。這些程序幫助我們在世界上運作，那它們就成功，否則就失敗，倒不是說在它們邏輯的基礎上站得住腳還是站不住腳。

理解我們如何使用進入心裏的東西的另一種方法是，以我們解決了多少問題來進行思考。在生活的大多數領域和大多數時間裏，我們都是在不確定的條件下做判斷和做決策的。我們在思考下一步做甚麼，又會發生甚麼事情，卻不知道答案是甚麼。天會下雨嗎？我有錢度假嗎？孩子們想游泳嗎？我的工作做得怎麼樣？我們有進行邏輯推理的能力聽憑我們支配，也有能力留意到和避開一些最明顯的非理性根源。我們的舉止動作可以跟理性的動物一樣，我們也可以轉到自動檔上，心不在焉地舉止動作而不必拿生命去

冒險(一邊在高速公路上開車，一邊進行着有趣的對話)。為了解決問題，利用內部表現、推理和記憶——及利用所有「通情達理的」、若不是完全理性的認知能力，是有幫助的。這些認知能力幫助我們在不確定的條件下做決策。

　　解決問題這個題目已經被心理學家研究了一百年了，他們特別感興趣的話題之一就是解決問題受過去經驗影響——受記憶中儲存信息的影響——的方式。一般說來，聽上去很明顯的是，由於我們積累了經驗，我們解決問題更容易了。這個被稱之為正遷移效果(positive transfer effect)，它解釋了為甚麼成人解決問題比兒童要容易些，專家解決問題比初學者要容易些。比如，在想出戰略解決下棋問題方面，專家比初學者強，但是，不論專家還是初學者都能從醞釀期(incubation)中得益，在醞釀期內，他們都根本不(有意識地)考慮這個問題。一旦找出了解決某一問題的戰略，應用這個戰略可能還需要技巧(挽救凝固了的蛋黃醬)，另外，需要推理的技巧來評估正在製作的程序。專家比別的人更擅長認出圖案、恢復有關規定、消除行不通的戰略等。但專家也有不能精確解決問題的情形，因為他們使用了同解決以前的問題一樣的戰略與規則。搞一套精神定勢(mental set)可以讓我們避免每一次碰到問題都要重新發明輪子(西方人認為輪子是個偉大的發明，重新發明輪子是指做多餘的努力——譯

者注），但是，在我們遇到一套新困難時，它又減慢了我們的速度。專家能變得多盲目，這是值得注意的。

框4.2　知識造成的盲目：精神定勢

給大學生一個問題，要求他們看一系列卡片，上面寫着字母A和字母B，要求他們搞出「正確的」序列（就是：在第一張卡片上，左邊的字母應該被挑出來，而在第二張卡片上，右邊的字母應該被挑出來）。經過幾次「地位序列」，問題是解決了，問題的類型改變了，於是選字母A的總是正確的，選字母B的總是不正確的。在一百次實驗裏，百分之八十的學生沒能解決這個小小的問題，而且，在沒能解決這問題的人當中，沒有一個人在六種可能性中挑選到正確的解決辦法。

萊文（Levine），1971 年

功能固着（functional fixedness），或只以其功能來考慮物品，這是另一種防礙問題解決的精神定勢。信封是放信的而不是你野餐時放糖的容器。解決糖的問題要求用新的、創造性的方式來考慮信封。創造性是用不同的方式來衡量的：例如，測試人們散發性（divergently）思維的程度，自由地探索各種看法，生出許多解決辦法，或集中地（convergently），跟隨一套步驟，而這套步驟看起來集中到一個解決問題的正確辦法上。對普通物品，如磚頭，他們想出的用途越多，他們就越是散發、越是有創造力。

我們知道創造性在早期就有：小孩子會用新的、富於想像的方式來運用熟悉的概念，鼓勵獨立思考的環境是產生創造性人物的正確途徑。創造力不僅在藝術中重要，在科學中，在家裏(尤其是在廚房裏)，及在辦公室裏都重要，而且，它甚至還有適應的優勢，辦法是鼓勵發明創造，這在不斷變化的條件下總是需要的。創造力要求思考的可塑性和跨越邊界的能力(見框4.3)，另外，令某些人驚奇的是，創造力同智力並沒有緊密的關係。性格特徵，如不順從、信心、好奇心、和堅持，在決定創造力方面，至少和智力同等重要。

框4.3　九個點的問題

任務：用不多於四條直線把下列圖中的點連起來，筆不能離開紙面。

答案見本章末

溝通

不論甚麼時候，我們以新的方式把頭腦中的意象結合起來，去製作新東西，去解決問題，或者去表達

框4.4　語言影響精神技巧的獲得嗎？

亞洲兒童在數學上總是比講英語的兒童強，在他們的語言裏，數字的名稱反映一個以十為基礎的系統。表示12的標籤是「10–2」等。來自三個亞洲國家和三個西方國家的兒童，在學校的第一年裏，要他們搭積木，藍積木代表十個單位，白積木代表一個單位，搭的積木排成行，表示一個特定的數字。能用兩個正確的組合表示每個數字的亞洲兒童比西方兒童多。用兩快積木代表十個單位的亞洲兒童比西方兒童多，而西方兒童比亞洲兒童使用更多的單一單位的積木。

結論：語言差異可能影響數學技巧。

另一項發現支持了這個結論：雙語的美籍亞裔兒童數學測驗的成績，比只講英語的兒童高。

三浦和同事們（Miura and colleagues）1994年

我們自己，這時，我們就是富於創造性的，我們這樣做的最明顯的方式之一，就是我們對語言的使用。但是，語言和思想的關係如何呢？

語言相關性的理論(the theory of linguistic relativity)認為語言培養了思考和感覺的習慣，因此，不同的語言把說話人指向不同的現實觀點。語言的證據是迷人的。比如，它告訴我們愛斯基摩人有許多有關雪的描

述，中國人沒有一個普通單詞表示「性高潮」，而法語中有關食物的隱喻則特別豐富。而我們知道雪對愛斯基摩人十分重要，中國人在討論房事時往往比較沉默，法國人是以其烹調著稱的。我們也知道我們可以互相學習對方的語言，可以學習知覺或理解其他語言造成的差異。但是，僅有語言和文化的信息，還不能證明語言影響思想。框4.4的實驗說明，清晰的思想和精確的觀察相結合，才能給這類問題提供答案。

證據在積累，說明語言能夠影響某些精神技巧，但陪審團還在那裏考慮語言和思想的關係。需要心理學和語言學的知識來回答語言是否影響思想的問題，而調查該問題的科學的、滴水不漏的方法尚未設計出來。

涉及思考、推理和溝通的認知技巧的研究工作正在擴大。它包括這些能力的獲得和發展，同它們一起產生的問題，它們之間的相互影響，及其他問題。恐怕要強調的要點是，為了在我們前進是正常發揮功能和適應，我們需要在心不在焉和集中精力之間獲得一種平衡——知道甚麼時候投入行動、甚麼時候停止行動、甚麼時候思考。如果我們完全在邏輯的基礎上運作，像個機器人或斯包克先生那樣，那麼我們就不能靈活地適應每日世界的複雜和不確定。因此，確有一些領域，在其中，我們的能力看來比人工智能機器要高明一些，儘管機器有較大的記憶儲存，機器測試假設比我們快。當然，特別是我們既有感情又有思想，

這可能幫助我們理解為甚麼我們會做我們做的事情。

框4.3 九個點的問題的答案

只有在點所構成的正方形邊界之外，繼續一些線條，才能解決這個問題，或者用其他方式打破「邊界」：把點切成三條，再重新排成一條連續的直線。

參考書

Evans, J. St B.T. (1989). *Bias in Human Reasoning*. Hove, Erlbaum Ltd.

Levine, M. (1971). Hypothesisi theory and non-learning despite ideal S-R reinforcement contingencies. *Psycholohical Review*. 78: 130–40.

Miura, I T., Okamoto, Y., Kim, C.-C., Chang, C.-M., et al. (1994). 'Comparisons of children's representation of number: China, France, Japan, Korea, Sweden and the United States'. *International Journal of Behavioral Development*, 17: 401–11.

第五章
為甚麼我們會做我們所做的事？動機和情感

感情不僅給我們的經歷增添了色彩，或給我們旅行的天氣提供了情感。感情是為目的服務的。感情促進了行動，而我們常常用我們那時感到的東西來解釋我們的行動：我敲了桌子因為我生氣，避免說因為我感到緊張，或者，給自己找了杯飲料因為我渴了。動機(飢餓、渴、性)決定我努力的目標，而情感(高興、沮喪、絕望)則反映我沿途經歷過的感情。然而，在心理學教科書裏，動機和情感這兩樣東西常常被歸在一起，若不作解釋，這種並列可能會顯得挺神秘。除了你「感到」它們這點之外，憤怒和渴到底有甚麼共同之處呢？它們之所以受到同樣對待，主要原因就是它們刺激我們行動。我們談到它們時，就好像它們是我們體內的力量，在這樣或那樣地推我們；體內感到的力量，不斷地變化，不一定總是可理解的或合乎邏輯的。但它們又不獨立於心理學其他因素之外而存在。它們兩者都影響着至今所描述過的程序，也受到這些程序的影響：感覺、注意、學習、記憶、思考、推理

和溝通，心理學家的問題之一就是搞清楚這些程序和感情怎樣相互影響，來說明為甚麼我們會做我們所做的事。

情感組織我們的活動。情感告訴我們甚麼是我們要的：工作上做得好，一頓好餐，擺脫了一切費勁事情的時光，也告訴我們甚麼是我們不想要的：又一次爭論或增加賦稅。感情帶着傾向，去以一種特別的方式行動。情感可以起到動機的作用；一個傷心或害怕的孩子會尋求舒適和安全，或哭起來求援，而(大多數情況下)人們都尋求接近他們所愛的人。於是，光有邏輯是不夠的。想像一下，在沒有感情的情況下，你企圖決定做甚麼工作，信任甚麼人——甚至和誰結婚。人頭腦裏的一切複雜的精神設備都已經進化了，因此，當精神設備運轉正常時，它會幫我們得到我們想要的東西，避開我們不想要的東西。動機和情感是精神機器的動員者——是油缸裏的燃料，而我們行為的方式，是採取行動還是決定不這麼做，要看感情同設備的其他部分相互影響的方式。

動機：推動與刺激

根據牛津英語詞典，動機(motivation)是「有意識或無意識的刺激，它促進行動趨向心理和社會因素提供的想望目標；而該目標給了行為目的和方向。」或者，按心理學的說法，正如喬治·米勒說的，「所有

這些能克服我們的懶惰、促使我們(無論是急迫地還是不太情願地)行動的推動與刺激——不論是生理學的、社會學的還是心理學的推動與刺激。」我們行動背後的動機是由多種因素指導的：飢餓是生理學上的動機，接受是社會學上的動機，好奇心則是心理學上的動機。因此，動機是複雜的。例如，飢餓是由內部和外部因素決定的——由空空的肚皮也由新烤好麵包的香味決定的。我如果餓了，就會找吃的，越餓找得越起勁，找得時間越久。飢餓決定了我行為的方向、強烈程度和持久——但它並不決定我吃的行為的一切方面。我也可能在心臟痛而不是肚子痛的時候要找東西吃，或者僅僅因為我有這麼個習慣，一進家就想吃東西。

心理學家用啟發的方式把動機分了類。

第一動機(primary motives)幫我們滿足基本需求，如食物、飲料、溫暖和棲身之地。要保證生存，就得滿足這些需求，而對自願控制這些需求的企圖，這些需求是不肯做出反應的——這就是節食那麼難的原因。有些需求是周期性的(吃東西和睡覺)，感覺它們時所感到的力量，以多少有點正規的方式，增加或減少。然而，即使這些周期性的需求形式也是複雜的相互影響的結果——按時用餐的人，少吃一頓就感到餓，而那些成天吃零食的人，或用餐不正常的人就不大感到餓。

第二級動機(如友誼或自由，或根據佛洛伊德說的「榮譽、權力、財富、名聲和女人的愛」)是獲取和學

來的，它們所滿足的需求可能同第一級動機有間接的關係，也可能沒有。賺錢使我能滿足吃、喝的第一需求。有些第二級動機是容易認出的：對友誼的需求、對獨立的需求、或出於內疚對某人友善。有些動機可能沒意識到的，如我為提高或保護自尊而做的事情，或者有些動機可用來表示行為是合理的：避免爭鬥以便叫他人高興。在1954年，馬斯洛搞了一個等級表，列出了低層次需求，滿足了它們就減少了心理學系統的缺陷(對食物和水的需求)，和高層次的個人需求和抽象的需求(框5.1)

框5.1　需求的等級

自我實現和個人成長
美感經驗
認知活動
自重
愛和歸屬
安全
生存

馬斯洛(Maslow)，1954年

馬斯洛相信，只有低層次需求滿足了，才會出現高層次的需求。這個理論的價值主要在於它提供推動力來發展人道主義的治療類型。許多現代社會的人，即使其基本生理需求已經滿足，仍感到不開心，這說

明，個人成長及實現某人潛能的需求是重要的激發動機的力量，用人道主義的術語來說，是比低層次生理力量更有意義、更深刻的激發動機的東西：「人不能光靠麵包活着」。然而，這個理論在經驗上缺乏支持，而沒有明確定義的自我實現，在實際中，依賴外部因素（如教育的、文化的、及經濟的機會）的程度一點不比依賴動機的程度少。

至今，尚無關於動機的恰當理論，能說明現在所知道的關於低層次動機（比如生理需求）及高層次需求（比如想要被喜歡被接受的慾望）的一切，認知因素在高層次需求中很重要。然而，在要理解為甚麼我們會做我們所做的事情的時候，我們兩種需求都需要包含，這是很明確的。兩種對照的理論說明了心理學家考慮動機的方式：原狀穩定的驅力理論（homeostatic drive theory）和目標理論（goal theory）。

原狀穩定理論的主要意思是保持一個相對穩定不變的內部環境是十分重要的。任何離開這種狀態的行動，或不平衡，都會立即激起行動來恢復平衡。行動是受了不平衡感的「推動」，行動會繼續直至平衡恢復：生理上飢餓的效果把我們送進廚房，而在那裏吃我們找到的東西就減弱了不平衡或減弱了飢餓引起的不舒適。把關於增援的看法並入這個基本的原狀穩定理論的驅力減弱理論（drive reduction theory）認為，成功地減弱了一個驅力的行為，如你餓的時候吃了巧克

圖5.1 登高者的驅力和目標

力，會被當作愉快的東西來體驗，因而會得到強化。隨着驅力得到滿足，繼續這個行為的動機就會減少。因此，我們應該放慢速度，或不餓了就別再吃。我們實際上做的事情要依賴動機（飢餓的推動——或僅僅是對愉快的需求）和學習（關於巧克力，到哪裏去找巧克力，吃多少塊才不會感到難受）的結合體。這理論很好地解釋了複雜行為模式的有些方面（為了得到注意而拒絕吃東西）。滿足注意的需求，有助於重新建立一個正常的吃的樣式。然而，推動的概念不適合行為的其他方面，如實驗一種新的墨西哥調味品，或吃歐洲防風根以便不引起反感。我們行為的大部分是被社會的、認知的、美學的因素所誘導的，而驅力–減弱理論不能解釋這些事情，如果不假定一個推動來對應每一種可能發生的事情：想聽舒伯特的驅力，想聽戴維斯（Miles Davis）的驅力，或者想走上山頂的驅力。

相反，目標理論企圖用認知因素來解釋為甚麼我們會做我們所做的事情，認為某人動機的鑰匙是他們有意識地努力去做的事情：即他們的目標。這個理論認為，目標越難達到，人們就會越努力工作，而目標越難，要求的表現水平就越高。框5.2中描述了在工場中測試這個理論的實驗。

在百分之九十的相關研究中，都可看到樹立目標確可改進表現，在下列條件下，更是如此：

人們接受所樹立的目標，有人把他們的進步告訴了他們，達到目標或獎，有達到目標的能力，得到負責人恰當的支持和鼓勵。這些發現已被成功地用於工作環境，儘管我們仍需要了解為甚麼有的工人訂的目標比其他工人高，及樹立一個目標所調動的刺激力量怎麼和其他力量(生理的或社會的力量)相互影響。

因此，不同的動機和生理的、認知的、行為的系統以不同形式相互影響，於是，在確定第一級動機中，原狀穩定推動起到了中心的作用，而認知因素(如目標)則在確定第二級動機中較有影響力。我們做的許多事情都涉及一套複雜的動機。在這一領域的研究發現有許多實際的應用，如幫助我們啟發人們學習和工

作，幫助我們理解並克服動機系統裏的困難，例如，結果成為極肥胖的人和節食的困難。

情感

　　要心理學家提出情感的恰當定義，一直是非常難的，部分原因是情感組成部分的衡量並不總是相互關聯的。心理學家辨別的五大組成部分是生理的(心速和血壓的變化)，表現的(微笑、皺眉頭、頹然坐在椅子上)，行為的(握拳、跑開)，認知的(感覺到威脅、危險、損失或愉快)和經驗的(體驗到的感情情結)。傷心時，我也能微笑。心速不變，也能感到害怕。這種相互關聯的缺乏意味着，光靠衡量組成部分之一是不能正確地研究和理解情感的。

　　顏色中有三原色，同樣道理，情感中有沒有原情感呢？這個問題依然未解決，儘管從達爾文以來，進行了許多跨文化、跨物種的研究。表達某些情感的面部表情：例如，害怕、憤怒、傷心、驚奇、討厭和高興，在不同種族的人們及許多動物中，都是相當類似的，能識別得出來。然而，可能因為情感的五大組成部分之間缺乏協調，在經驗水平上比在生理和表情水平上，能識別出更多種類的情感。當然，微笑和皺眉頭的類型同做這種表情的人及引發這種表情的情形是一樣多的。複雜情感，像內疚、羞愧，主要由認知因素所決定，比如，我們怎麼看自己，我們認為別人怎

圖5.2　原始情感(牛津大學校園建築物的一個雨漏浮雕)

麼想的。據我們現在所知，複雜情感和內在的社會規則，在生理意義上講，並沒甚麼區別，如果光靠可觀察的表情，那是很容易混淆的。

　　大多數時間，我們體驗到的是情感的混合物，或者是不同程度的感情，其豐富程度和我們感覺的顏色一樣，我們體驗到的不是純粹的狀態。儘管這些感情是有相同的方面，於是，你和我才能都感到傷心，能體察到對方的傷心，當我們談到它時，知道我們的意思是甚麼，但是，我傷心的經驗和你的畢竟不同。傷心對我的含義及我表達傷心的方式是由它現在融入我世界的方式決定的，是由我過去的經歷、記憶、思想、反應決定的，是由別人過去對我傷心的感情所做的反應的方式決定的。如果他們曾叫我走開，別煩他

們，那麼，我可能把傷心的感情藏起來，並且發覺很難再談起它。問題在於情感的經驗和表達都是複雜程序的產物，而這些複雜程序，心理學家也才剛剛開始理解。

不同的情感看起來是由大腦的不同部位管轄的；憤怒和傷心明顯是涉及右腦，而高興的情感則涉及左腦。就連一星期大的嬰兒，都會在他們的兩片前腦葉，對不同的情感做出不同的反應。這兩片腦葉對情感有特別的意義。這可能是因為，這兩個半腦被特殊化成專門控制肌肉用的部分，而右腦對涉及打鬥或逃跑的大塊肌肉的活動有更好的控制。這種特殊化是否帶來其他好處還不知道，但有證據顯示，被稱作邊緣系統(limbic system)的那部分大腦像情感中心那樣發揮作用，而那一層層旋繞的灰東西(大腦皮層和大腦新皮層)後來在進化意義上發展了，於是，加上了思考感情的能力及其他東西。

信息飛速地、直接地走出走進邊緣系統，後來才到達了認知中心，於是才是我們易受「情感劫持」的影響：憤怒的突發和恐懼的激發照樣突襲我們，儘管我們已決定保持鎮靜並控制我們的敏感。在極度恐懼中，我們會做「原始」反應，跳出大型貨車的車道，於是，救了我們自己，或更進一步，會打電話要求適當的救援服務。對飢餓的原始反應可能牽涉吃掉所有的巧克力，就像熊在冬天的寒冷開始之前，把秋天

的水果大口吞下一樣，而比較理性的做法就會「保留」，而不「交出來」。因此，為了克服來自較原始系統的壓力，需要戰略行為，而這些戰略行為引起了複雜情感的各種形態，從自我滿足到未滿足時的期盼。

情感在進化意義上較原始的方面有助於解釋它的中斷思考的力量（見框5.3）。當我們在情感上被擾亂並抱怨我們再不能思考的時候，我們事實上是正確的。前腦葉在記憶工作中起着重要的作用，當（涉及情感的）邊緣系統佔了優勢並要求十分注意的時候，前腦葉就不能正常工作。這一發現，把心理學家的注意力集中到找出對情感的控制是怎麼獲得的，而且它有許多實際的應用，比如，有助於改變對弱智兒童的態度（他們學習得比較慢）。痛苦和不安的人發現學習很難，因為他們情感的高度激發，減輕他們的痛苦比加強教學更能提高他們回學校讀書的可能性。

心理學的這個領域裏沒有解決的最有趣的問題之一，是思想與感情關係的本質。早期有關情感的理論，主要集中精力在我們情感的經歷和身體變化之間的關係上，在回答先有雞還是先有蛋的問題：先有心跳還是先有恐懼的經歷。這些理論都不能解釋一個特別的感覺是怎麼被認知系統了解的：我們怎麼知道我們所處的情景是危險的、興奮的、還是安全的。

認知標籤理論（cognitive labelling theory）（或兩因素理論 two-fact theory），是1960年代初發展起來的。這個

理論刺激了情感研究的一種新方法。根據這種理論，情感經驗決定於生理覺醒和在覺醒中體驗到的感覺標籤（labelling）（或解釋）的結合。為了測試這個理論，設計了精巧的實驗，牽涉情感的不同組成部分，同時別的組成部分保持不變，如框5.4描述的那樣。從這些實驗中所發現的東西已被拿來說明認知在情感經驗中的作用。我們經歷的事情很受認知因素的影響：比如，我們對情景了解的情況，我們如何解釋我們內部和外部所碰到的事情，當然還有我們所學到和記得的關於過去的情景的東西。

　　儘管這次的實驗仍有瑕疵，但是認知標籤理論仍有重要影響，後來對情感的認知方面的研究，對於理

解情感痛苦及心理治療的發展是有很大貢獻的。認知療法，特別是對沮喪和憂慮不安的治療，基於這樣一個想法：思想和感情關係太密切，改變一個就會改變另一個。由於直接改變感情比較難，認知療法企圖間接改變感情，辦法是用療法改變思考，找出看東西的新方法或發展新的透視法。例如，一個關係的失去可以解釋為我今後再也找不到另一個合作伙伴(這個想法弄得我傷心，並使我難以再走出去，結識更多的人)，但是也可以解釋為，儘管我很不開心，這可以理解，但是，我依然具備連我失去的伙伴都感到吸引人的種種特點，可以再去結交新朋友。換句話說，對情感的認知方面理解得多一些，幫助我們對思想、感情、和普通行為之間關係的錯綜複雜有更多的理解。反過來，這又指導了認知療法。認知療法，在幫助經歷着情感困難的人們方面，明顯是有效的。

多年來，實驗心理學家很少系統地注意過感情，他們假定更可能在別處找到對人類行為的有用解釋。事實上，我們確實偏向於假定感情擋了道，或者說它們干擾了原本是理性的行為，但有的心理學家看來似乎已假定感情是臨床醫生的範圍才更恰當。而臨床醫生對感情的理解來自個人品德，如感受性和強調的能力以及他們的關於心理學各方面的更科學的知識。然而，這種觀點尚未給動機與情感的進化功能以足夠的重視。

框5.4　我知道我所感到的東西嗎？

目的：找出當人們有類似的生理覺醒症狀但情感上經歷了不同的情景時，究竟發生了甚麼情況。

方法：一些研究對象，據說正在參加一項測驗，檢查一種針對視覺技巧的新型維生素，給他們打(生理上是帶有喚醒作用的)腎上腺素針，其他人則打鹽水。只有一些打腎上腺素針的人被正確地告知該藥的作用。在等待藥起作用的時候，把這些研究對象放入　個情景，這個情景是設計好的，會產生幸福感或憤怒(用一位滑稽演員的副手)。

結果：等候時間之後，研究對象報告的情感，反映了滑稽副手所表達的心情，很明顯，受了社會的和認知的因素的影響。那些打了腎上腺素針，卻又未被正確告之其藥效的人，最易受感動。他們最可能報告感覺相對高興或者後來又感覺易怒，這要看滑稽副手是怎麼做的。那些曾被告知該藥作用的人，對滑稽副手行為的反應就不那麼強烈，而且好像至少部分地將他們的經歷歸於打針的緣故。

結論：我們對我們所處情景的覺察影響我們實際感覺到的情感，但是我們的生理狀態決定我們如何強烈地感覺到情感。

沙其特(Schachter)和辛格(Singer)，1962年

　　恐懼弄得我們想逃；憤怒弄得我們想出擊。當然，憤怒這種感情可能把我們拖進麻煩，也可能拖出麻煩，但如果沒有這種感情，我們會把自己放到風險中，而且我們也靠它們來界定目標並組織我們朝着目

標工作。甚至曾有爭論說，有一種東西叫做情感智力——一種因人而異的品質，或多或少成功地使用這個品質可幫我們達到目的，心理學家應細心研究這個品質，以便發現怎麼才能幫助這個品質的獲得與發展，或者增加其複雜性。

動機和情感的研究對臨床領域的貢獻，同心理分析、人道治療和認知治療的貢獻有着廣泛的不同。動機和情感的研究也對一些計劃的發展有貢獻，這些計劃是幫助那些在第一級需求(吃、喝及性)和第二級需求(吸煙、賭博)上需要幫助的人們。它能這樣做，是因為，為了研究感情和回答為甚麼我們會做我們所做的事這個問題，它已經證明有必要從許多相互影響的系統的角度來思考：肉體的、認知的、情緒上的、行為上的和社會–文化的系統。做此事的複雜性意味着還有很多東西要學。對情感的覺醒和參加、學習、記憶的能力之間的相互影響，我們需要不斷加強理解，這種理解是有一些實際用處的。例如，我們已經停止使用測謊器了，測謊器只量度了情感的一個組成部分，因此，不可能是可靠的。這一領域的複雜性也許能說明為甚麼對有些重要問題還有爭論，比如看電視裏的暴力場面的效果，以及憤怒是封存起來好還是釋放出來好的問題。

參考書

Latham, G.P., and Yukl, G.A. (1975). 'Assigned versus participative goal setting with educated and uneducated woods workers'. *Journal of Applied Psychology* 60: 299–302.

Maslow, A. H. (1954). *Motivation and Personality*, New York, Harper.

Miller, G. (1967). *Psychology: The Science of Mental Life*. London, Penguin Books.

Ornstein, R. (1991). *The Evolution of Consciousness: The Origins of the Way We Think*, New York, Touchstone.

Schachter, S. and Singer, J. R. (1962). 'Cognitive, social and physiological determinants of emotional state'. *Psychological Review*, 69: 379–99.

第六章
有沒有固定的樣式？發育心理學

　　人們發育的最明顯方式是肉體上的：從弱小無助的嬰兒變成多少有點能力的成人。然而，發育，特別是心理上的發育並不隨肉體的成熟而停止——它在整個成人期中都不斷繼續。發育心理學所發現的東西揭示了發育上典型的東西，而這有許多用途：指導家長在甚麼年齡階段該期望甚麼，計劃教育，確定甚麼時候孩子的發育是不正常的，預測早期經歷對後期行為的影響，及為年紀大的人創造合適的機會。

　　發育心理學既要考慮隨年齡而出現的變化，又要理解這些變化是怎麼發生的——即發育的程序(process)。在看程序時，有兩個問題十分重要。第一個問題，發育是發生在階段中的，還是程序比階段更連續一些？第二個問題，生物的發育是由「本性」(肉體成熟的遺傳程序)決定的還是受環境條件(受「教養」)的影響？階段的概念認為每個人都按一樣的順序通過一樣的階段，只有先通過前面的階段才能達到後面的階段。很明顯，要獲得複雜的技巧必先獲得基本的技巧：先學會數數，才學相加，先會抓，才會提，發育的大致階

段也反映在這些詞組裏「嬰兒」、「兒童」、「成人」。但是，有沒有更細一點的階段呢？如果有，這些階段有多靈活呢？觀察結果説明，發育並不像階段論設想的那麼固定：大多數孩子是先抓後走，但有些孩子不是這樣的。

規則的例外引導心理學家提出，在人類發育中有關鍵期——也就是在某些時期，為了讓發育繼續正常進行，事件必須發生。例如，人的胚胎在第七周之前如沒接受到適宜的荷爾蒙，遺傳男性不會使男性性器官得到很好的發育，一直到青春期激發另一次荷爾蒙活動為止。有證據表明，心理發育中，也有決定性的(或至少是敏感性的)時期。框6.1。中的案例説明，在七歲前沒學會語言的孩子發現以後再學十分困難。

框6.1　極端剝奪的個案：珍妮

珍妮十三歲時受到有關當局的注意。她的父母對她特別粗暴——她幾乎所有時間都一個人，而且被綁得緊緊的。從來沒有人跟她説話，她弄出一點聲音就要挨打。發現她時，珍妮缺乏很多基本技能——她既不會嚼又不會站直了走路、不能自制，懂很少一點語言。珍妮接受了強化的恢復訓練，最後被送到一家收養她的家庭。在培養體能和社交能力方面，她都取得了驚人的進步。儘管她學會了理解和使用基本的語言，可是她的語法和發音始終不標準。

珍妮的個案是個極端的例子，説明環境條件能怎樣影響發育。遺傳因素和環境因素的相對重要性一本性/教養的問題一出現在心理學的許多題目中，但是，它與發育特別有關聯。分開養大的雙胞胎之間仍有特別相似之處，如他們對某種風格的衣服和音樂的偏好。這説明在發育的過程中，預先定好的小路也許是不能改變的。然而，現在，更徹底的工作已經令大多數心理學家相信，健康的發育既要有「本性」的組成部分，也要有「教養」的組成部分。例如，學習口語的潛能是天生的(本性的組成部分)，但是，語言學習的速度、語言的形式、重音、詞匯及運用語言表達複雜的思想和感情的能力，則是由「教養」決定的，包括文化的影響，像那些影響男人和女人以不同方式運用語言的東西。

甚麼是天生的？

　　正如第三章中提到的，嬰兒生下來就容易學習。他們生下來就有一些不由自主的動作，像吮吸和抓，才幾天大的嬰兒就會區別嗓音，就喜歡看人臉。一個月時，嬰兒就會為得到一口甜的東西而區別嗓音。在一切物種中，年幼的好像最初總會去學那些有用的技巧——而人類的嬰兒可能「內部設定」具有種種能力來鼓勵大人關愛他們。例如，新生嬰兒在物體前後移動時還不會調整他們眼睛的聚焦點，但卻曉得他們被

抱着時的大致距離。類似的情形是，新生嬰兒區別話語的非凡能力使他們在才三天大的時候，就認得出母親的嗓音並能表示出喜歡母親的嗓音。甚至有的學習可能在子宮裏就發生了——新生嬰兒對他們母親的語言和對別人的語言反應是不一樣的。然而，「聲來就有的」潛能(或能力)可能指導和促進以後的學習。框6.2中的實驗說明嬰兒生下來就能組織和解釋他們經歷的大批感覺刺激，好像他們已經在使用某些初級的感覺原則了(第二章描述過的那些)。

框6.2　關於數目嬰兒知道些甚麼？

給6-8個月大的嬰兒看一系列成對的幻燈片，一個上面有三個物品，另一個上面有兩個物品。在看幻燈的同時，嬰兒還聽到從中間的揚聲器傳出的兩聲或三聲擊鼓的聲音。對與鼓聲數目相吻合的幻燈片，嬰兒就會看得時間長一點。當鼓聲兩下時嬰兒就多花一點時間看兩個物品的幻燈片。這些結果說明嬰兒能很好地抽象出數字信息，認出類似的東西或給類似的東西「配對」。並不是說他們具有特殊的有關數字的知識，但是，他們具有某些天生的能力，這些能力可以幫助他們學習數字。

儿童的成長與發育在生命的頭幾年裏發生的變化比任何其他時期都要多。例如，到兩歲時，你就長了身高的一半並學會了足以溝通基本需求的語言。儘管孩子學習走路和說話這類基本技巧不需要正規訓練，

但是孩子們學習這些技巧的速度卻很不一樣。發育心理學家試圖找出影響這個過程的因素。與生活在更刺激的環境中的孩子相比，生活在機構裏的孩子很少受到注意，也沒有多少玩的機會，發育的速度就慢一些。不過，這種刺激不足的有害影響，只要一天有一個小時玩的機會就可以彌補了。

　　對在不利環境中長大的孩子的觀察說明，缺乏操練和運動的機會，會造成認知發育和運動肌發育的遲緩：好像玩能幫助孩子思考似的。這些發現引導發育心理學家提出另一個問題，即：加大刺激和訓練的量，會不會加速在好環境裏長大的孩子的發育。這個看法經過實驗的測試，框6.3是其中的一個實驗。

框6.3　額外的練習能幫助嬰兒發育嗎？

有一對完全一樣的雙胞胎，給其中之一大量早期練習來學一種技巧，如爬行。後來，給另一個一段短時間練習，結果兩人的表現差不多。一般說來，雙胞胎的表現總是差不多的，只要練得少的那一個有一點點練習就行。對於運動肌來說，以後(當孩子在肉體上更成熟時)的一點點練習同早期大量練習的效果可以同樣好。

個性與社交上的發育

　　如果肉體的發育既受經歷的控制也受肉體成熟過程的控制，那麼發育的其他方面，像個性與社交的發

圖6.1　嬰兒對父親依戀

育，是不是也是這樣呢？實際上，嬰兒很早就開發社
交的反應了：不同文化背景的兩個月大的嬰兒，甚至
是盲嬰，也會向母親微笑——一種可能加強母嬰聯繫
的行為。微笑的普遍性說明成熟在決定其開始時是重
要的。到三、四個月大時，嬰兒會認出和喜歡熟悉的
人，但他們仍保持對陌生人友善的態度，直到八到
十二個月大時，開始出現對陌生人的害怕。分離的痛
苦和對陌生人的害怕，到二、三歲時就減弱了，那時
候，孩子已經更有能力照顧自己的某些需求。這些變

化有進化上的意義：對陌生人的害怕隨流動性而加強，隨能力增強而減弱。有人說孩子同他第一個關愛施行者(primary care-giver)(照料孩子最多的那個人)的聯繫在決定以後的心理發育方面是至關重要的。例如，在1951年，鮑爾比(John Bowlby)曾說過，「在嬰兒期和童年，母愛對於精神健康就像維生素和蛋白質對於肉體健康一樣重要」。最近，他又說，有精神錯亂的人都表現出他們這種社交關係上的失調，這種失調可能出自童年時母子關係不好。發展心理學家進行了調查，看早期關係的質量和/或數量是不是真的決定以後功能的運轉，及甚麼因素影響早期的關係。

孩子的早期關係常被稱為依戀——也就是，和具體的人(依戀人)的相對長久的情感紐帶。依戀緊密與否可從幾方面看出：嬰兒或幼兒想接近依戀人到甚麼程度，一般是否總朝着他們定向，他們一走就不開心，他們一回來就高興。依戀能使孩子在新環境中感到安全，於是他們能在體力上和心理上都不斷探索，逐漸增強他們的獨立性並逐漸脫離依戀人。依戀通常在一歲到一歲半時達到高峰，然後逐漸減弱，但其效果可能持續下去。表6.1描述了發育心理學家是怎麼在一個固定環境(稱為陌生環境)中觀察孩子的行為，並以此來給孩子的依戀質量分類。在這個陌生環境中，孩子和他媽媽在一間放滿玩具的屋裏。過了一會兒，一個孩子不認識的人來了，然後媽媽走開，很快又回

來。孩子在各階段的行為可以通過單向鏡子觀察到。

表6.1　依戀的類型

一般描述	母親離去的反應	母親返回的反應	對陌生人的反應
焦急迴避	大致上不受母親存在的影響——很少注意她一般對她離開時也不顯得痛苦。	母親返回時，孩子一般很少努力和母親聯繫。	陌生人出現一般不造成痛苦。一般對母親和陌生人態度差不多，例如母親和陌生人都很容易安慰孩子。
安全地依附母親	只要母親在玩得就高興。她一走呈顯不高興。	馬上從母親處尋找和獲取舒適，然後	母親在時對陌生人友好，不在時就不開心。明顯和母親更親。
反抗焦急	在探索時把母親當作安全島有困難，她不在旁邊時不高興，她走開時就更不高興	當母親回來時，對她似乎既愛又恨，哭着要親抱，抱起又要母親放下。	對陌生人試圖接觸的努力，表示反抗。

　　儘管開始大家認為孩子表現的是所謂「碗櫃的愛」——他們跟母親聯得緊主要因為母親是他們食物的來源，但是框6.4關於猴子的實驗說明情況並非如此。作為人類，影響依戀的最重要因素好像是孩子的脾氣(他的「本性」)和依戀人的反應——對孩子需求的理解和敏感性。依戀得不安全的孩子的依戀人，其反應主要建立在他自己的需求之上，而不是針對孩子的信號。例如，自己覺着方便就和孩子玩玩，而不是看到孩子有想玩的跡象。這也許可以解釋為甚麼孩子最

框6.4　猴子的依戀

小猴子剛出世不久，就跟自己的母親分開，給他們兩個替代的「母親」。兩個替代母親都是用帶木頭腦袋的線網做的。一個身上穿着滌綸布和泡末材料做的衣服，使它更「可愛」。另一個就是裸露的線，不過它胸前有個奶瓶。儘管另一個母親給它們奶，猴子還是和「可愛」的母親更親熱些。

強烈的聯結不一定給那個體力上照料他們最多的人。好像在決定孩子的聯結時，關愛的質量比數量更重要。

早期經歷的效力

　　發育心理學的一項重要事業就是試圖確定早期經歷(如父母不好)是否影響以後的發育，及匱乏的早期生活造成的後果能否得以改善。框6.5.的實驗調查的就是這個問題。

　　儘管對嬰兒進行這類實驗是不合倫理的，但是像珍妮(框6.1所描述的)這類案例研究確實提供了有關早期匱乏造成後果的信息，而框6.6.描述了一項研究，說明嬰兒同父母分居對以後發育的影響。

　　一般來說，研究表明，安全地同父母在一起的嬰兒有較好的適應新經歷和新關係的能力，越來越多的研究說明，嬰兒時期父母照料不好，可能成為以後精神病理學在發育道路上的前兆。這類研究的發現給臨床理論提供了堅實的科學基礎，可能為發展更好的辦法解決臨床問題做出貢獻，並幫助家長成為更好的關愛施行者。另外，許多研究說明早期經歷的有害後果是可以得到改善的，特別是當孩子還小的時候條件就得以改善的話。事實上，許多研究者都為孩子的恢復力感到震撼，在任何情況(除去最不利的)下，都有一種朝正常發育靠攏的傾向。

框6.5　對早期匱乏造成的後果的調查

在全部隔離和部分隔離(它們可以看見但不能摸到其他猴子)的條件下飼養猴子表明這種條件會導致適應性極差的行為——這些猴子社交能力萎縮,對它們的同類愛尋釁,交配有困難,而且後來常常變成虐待小猴的母親。然而,假如取消隔離這些猴子三個月,或只給它們一個玩伴,它們就會正常發育。其他實驗包括用「虐待型母親」(就是穿衣服的假猴子,它們會用冷水澆小猴子)來飼養猴子——。這些研究發現「受到虐待的」小猴對它們的「母親」的聯結反而倒更強。

框6.6　嬰兒同其父母分居的後果

有一個研究是關於孩子的,四個月大的孩子被放在孤兒院裏照料。發現四歲時被人領養的孩子後來發得比那些回到親生父母身邊的孩子,或留在孤兒院的孩子都好得多。這可能是因為領養父母的社會地位較高,或因為「返回兒童」回去的家庭依然有許多問題。這些結果表明,早期分居的有害後果是可以得到改善的,而遲至四歲才形成的聯結,也可以為健康發育提供一個基礎。另外,有的留在孤兒院的孩子比回到親生父母身邊的孩子發育得更好,這個發現和鮑爾比的觀點又有矛盾,他認為「母愛」總是最好的。

表6.2　發育的階段

階段	心理社會危機	主要活動	有意義的關係	有利的結果
第一年	信任/不信任	不斷、穩定的關愛	主要的關愛施行者	信任/樂觀
2–3歲	自獨立/懷疑	獨立於父母	父母	獨立感/自尊
4–5歲	主動權/歉疚	對環境的探索	基本家庭	自我定向/目的
6歲到發身期	勤勉/自卑	知識的吸取	家庭、鄰居和學校	勝任感/成就感
青春期	個性/困惑	清楚才能/個性	同伴，組內組外	完整的自我形象
成年早期	親匿/孤獨	深刻、長久的關係	朋友/情人；競爭/合作	體驗愛情/承諾的能力
成年中期	生殖能力/自我專注	為社會生產和創造	勞動分工/分擔家務	關注家庭、社會和後代
成年後期	完整/絕望	生活的回顧和評估	人類/擴展的家庭	滿足感/對死亡的接受

整個一生的發育

　　在整個一生中，人都在肉體上、心理上不斷發育。像青春期這樣的變化至少部分是由於肉體的成熟，其他的變化則反映了相當程度的環境影響。比如，上了年紀的人傾向採取更案牘的生活方式，但是這可能只是對環境變化(如，退休、社會活動的減少、身體健康)的一種反應。在1968年，艾力遜(E. H. Erikson)提出整個一生發育的階段理論，認為人類的發育遵循表6.2所設定的樣式。

這種理論認為有一定的階段，每個階段牽涉一項具體的任務或心理社會危機（psychosocial crisis），而每個人在一生中都得完成這些任務或通過這些危機。例如，青春期的主要任務被看作是尋找個性。開始，主要基於對有毛病青少年的觀察，因此，青春期被看成是騷亂時期，特點是對權威人物的反叛。然而，對更大範圍的青少年的研究發現許多青少年並不對權威有反叛，反而同家長和老師保持良好的關係。這個例子說明，如果只從更大的人口中挑一小部分代表性不強的人來進行觀察的話，往往會出錯。後來的研究調查了各種背景的青少年，這些研究碰到了青少年時期的大量角色轉換（role transition）。在青春期，獲得了許多新的角色，比如，工人的角色、男朋友／女朋友的角色和成人對成人的相互影響接受模式。艾力遜認為青春期中最重要的任務是習慣於這些新角色的過程：儘管不得不按照新的角色來行動，也要找到單個的、完整的個性。正像每個階段都為下一個階段奠定了基礎那樣，人們認為，這個有條理的個性感也為以後成人期的關係和生產率奠定了基礎。艾力遜認為，沒有完整的個性，人會經歷個性擴散（identity diffusion），並且會在組建關係、計劃未來、達到目標方面遇到困難。對我們是誰沒有清晰的感覺，就很難決定我們未來要甚麼。

關於隨年齡增長認知功能減弱的研究表明，只看

人口的中的次樣品是會出問題的。比較老年組和青年組的智力測驗成績的研究顯示青年組有較高的智商，意思說智力隨年齡增長而衰減。然而，這些研究沒有考慮同質效果（cohort effect）——智商測驗表現的社會決定因素及全體人口的智力因更好的教育和營養而提高這樣一個事實。重複地對同一批人進行智力測量，就沒有證據顯示智力隨年齡增長而衰減；相反，那些不斷使用大腦的人，其智力還略有提高。類似情況是，所謂記憶隨年齡衰減的說法，在科學的調查面前也站不住腳，而只能說明記憶的系統是根據你的要求做出反應而已。對日常事件記憶的比較顯示，老年人比青年人表現得略好一點，恐怕是因為老年人更關注他們的記憶，因而在測驗時更為專心、更為投入。記憶隨年齡增長而衰減的神話，看來一部分要歸咎於自我完成的預言：因為人們期望自己要變得忘性大，所以他們不努力去記了，於是發現忘記得多記得的少。看來，人們只要不斷使大腦處於活躍狀態，就不必擔心他們的精神能力出現明顯的衰退，除非到了生命的真正晚期（如缺乏醫療條件情況下的痴呆）。

儘管智力隨年齡增長而衰退的神話沒有多少科學根據，但是，確實有一些行為上的變化是同年齡增長有關的。例如，在西方社會裏，老人往往不如其他年齡的人那麼突出。分離理論（disengagement theory）提出，當人們年紀大起來時，一種生理機制啟動了，這

種機制鼓勵他們從社會中逐漸退出來，就像動物一旦完成它的進化功能(保證其後代的生存)就退走等死一樣。然而，這個類比並不太合適，因為人類的這個分離過程並不和孩子撫養階段的終結連在一起，也不和身體健康狀況差連在一起。相反，活動理論(activity theory)把老年人的分離活動解釋為一種社會的過程：老人在社會上充當的角色少了，而退休可能更減少了在日常生活中起重要作用的機會。儘管有的人用其他有價值的活動替代了原先工作的角色，但有的人做不到，可能感到自己沒用或感覺孤獨。在西方社會裏，與年齡增長有關的活動變化的後果，可能因「年齡歧視」而加重。老人的定型一般總是反面的——他們總是不夠聰明、有病、懶惰、觀點僵硬、脾氣不好。這樣的定型和其他形式的偏見一樣，往往是不對的——例如，老年人犯糊塗的情況其實並不多。像其他的偏見一樣，「年齡歧視」可能一直保持下去，如果老人所做的正面貢獻被忽略，而其負面的因素卻被記住的話(更詳細的關於偏見的描述及如何克服偏見，見第九章)。

我們已經看到許多生理的、社會的和環境的因素影響着發育的過程。雖然有了一個發育的粗略的樣式，但是，不倒翁式的自動扶正傾向產生不斷的適應，也還有許多潛在的陷阱。因為發育是個十分複雜的過程，我們在解釋不同年齡組之間的分歧時要十分謹慎，因為這些分歧可能出自一代人與一代人之間的

變化，而不是出自年齡本身。不管怎麼説，發育心理學家能夠指出哪些因素對發育有不利的影響，而哪些則不會，涉及的領域很廣，從德育發展到語言的掌握，從思維的發展到性別的區分。對發育心理學家説來，未來的挑戰集中在找到彌補負面早期經歷造成的後果的方法，找到發育不正常時的治療方法，並注意提高調整能力的方法。

參考書

Bowlby, J. (1951). *Meternal Careand Mental Health.* World Health Organization Monograph Series No. 2. Geneva, World Health Organization; repr. (1966) New York, Schocken Books.

Erikson, E. H. (1968). *Identity, Youth and Crisis.* New York, Norton.

第七章
我們能不能把人們分類？個人的差異

前面一章看到了典型的發育過程和樣式，這一章關注的是人們的差異。我們大多數人都喜歡把自己設想成與眾不同的人，但是，可不可能把我們之間的差異進行分類，可不可能找出這些差異的決定因素？在實踐上，心理學家倒是發展出了衡量人們的方法，找出更多有關他們之間類似和差異的情況。這些心理學上的評估往往採取紙和筆的形式，比如，能力測驗和成績測驗，它們是用來衡量能力和成績的，或者用來評估合適擔任教育上或職業上職務。

心理學上的量度

心理測驗或精神測定工具（psychometric instruments）必須既可靠（reliable）又有效（valid）——即他們應該始終如一地量度他們要量度的變量。例如，給同一個人一種閱讀能力測驗，但兩次間隔不大的測驗結果卻很不相同，那麼這種測驗就不算好（可靠性低）。類似的情況是如果分數挺高卻閱讀得不好，那麼，這種測驗就缺乏有效性。為了有用，心理測驗還必須是標準化

的（standardized），意思是必須有一套「標準」，以此來比較各人的分數。要使測驗標準化包括給一大批需進行測驗的人這個測驗，用統計來算出「標準」——搞出一個平均分，再搞出高於或低於平均分的人數所佔的比率。這樣，這些標準就可以用來解釋每個人的分數。例如，智商測驗是最有名的精神測定測驗的例子，經設計，使其平均分為100，95%的人分數介於70–130之間，於是，考分達到132的人就被看作是高於平均分的（屬智商最高的2.5%的人）。心理學家還發現測驗進行的方法和條件可能影響測驗的結果。如果燈光不好，或某人聽不清或聽不懂題目的說明，那麼他們的分數就可能人為地變低。因此，進行測驗的條件也必須標準化——如果要想使結果有效，那麼測驗必須以完全一樣的方式、類似的條件給每一個參加測驗的人。

精神測定測驗是用來評估多種能力和特性的。本章集中討論研究和量度得最多的個人的差異的兩方面——智力和個性。正如心理學的其他領域一樣，智力和個性的個人的差異是遺傳還是環境的影響造成的，眾說紛紜，莫衷一是。

智力

儘管智力是心理學的重要概念，但是給智力下定義，卻十分困難。智力可以簡單地看作是適應環境的能力，但這種能力可能包含許多方面，例如邏輯思

維、理性思維、抽象思維、學習的能力，以及在新環境裏應用知識解決問題的能力。智力是否與所有心理活動都有關聯？是否反映了幾個因素的作用？是否有好幾種？這些問題都曾有心理學家提出過。白痴大師（idiot savants，智商很低但具有特殊能力的人，比如可以說出過去十年中任何一天是星期幾）的能力說明，一個人在不同領域可以有非常不同的能力。此外，具有實際興趣的問題是智力是天生的，還是可以以任何方式學到或者得以提高的。

智力測驗

智力的最簡單定義就是「智商測驗所衡量的東西」——這個轉彎抹角的定義又提出了一個涉及智商測驗和智力定義兩者之間關係的問題。智力定義的方式影響着為衡量智力而設計的測驗。例如，一個雙因素模式（two-factor model）認為，智力是由一個總的因素和幾個具體的因素構成的，而其他模式則認為有許多獨立的具體因素，如數字推理、記憶、音樂能力、語言流暢、觀察空間的能力、感覺的速度、對自身的頓悟、對別人的理解，但並沒有一個單獨的總的因素。另一種看法是檢查智力中牽涉到的程序，如處理的速度，信息在內部如何表現，或用來解決問題的戰略。

對智力定義的不同意見引出了製造衡量智力工具的困難：任何智力測驗都是建立在一個特定的智力定

義或智力概念之上的，於是，可能反映出調查者的偏見。例如，時間測驗強調處理的速度，而其他測驗可能是為衡量個別的「具體因素」或衡量一種天生的、總的能力而設計的。框7.1列出了一些智力測驗用的欄目的例子。

框7.1　智力測驗問些甚麼

大多數智力測驗都包含幾個分部，由不同類型的問題組成。有的可能問有關信息，如「一年裏有多少個月？」或「澳大利亞的首都在哪裏？」另外的分部可能為評估人的數字跨度而叫他們來回復讀長串的數字或為評估他們的算術而問這樣的問題，「彩票76便士一張，我買六張，給他十鎊，找我多少？」詞匯量和理解能力也可得到評估，問一些普通詞匯的定義，或者問下列詞組有甚麼類似性，「柑–香蕉」或「獎勵–懲罰(你得說兩者都是影響別人取得最高分數行為的手段)」。其他分部可能要求把一些畫排列起來，排得能編出個故事，或者，更實際些，按設計圖紙搭積木或做拼板遊戲。

　　智力測驗給的分數一般都叫做智力商數(intelligence quotient)簡稱智商(IQ)。由於在人生開頭的十八年裏精神能力的增長，「初步的」測驗分數必須根據人的實足年齡加以調整。這種調整要根據人所在的年齡組的標準來進行。對兒童來說，有時分數是以心理年齡

（mental age）來表示的。於是，一個特別聰明的七歲孩子，他的表現和十歲孩子的平均水平一樣好，那麼，可以說他實足年齡七歲，心理年齡十歲。

　　儘管智力測驗被廣泛使用，但根據許多理由還是受到批評。一個根本的難點在於智力測驗不是在量度智力本身，它們是在試圖量度據說是反映智力的特性。智力測驗主要靠教育成就來證實的，而教育成就可能就不算是智力的產品，而更應算是其他因素的產品。如社會等級、機會、動機等因素。另外，智力測驗基於這樣的想法，即智力是一種可以精確量度的東西，不受臨時因素的影響，如測驗時的情況、個人的心理狀態、動機、或最近的經歷等因素。事實上，智商的分數是受臨時因素影響的，而且，多練習做智商測驗就可能提高智商的分數。

　　在標準智力測驗中，美國黑人比美國白人的分數低得多，這個發現是智力測驗的一個特別引起爭論的結果。事實上，大多數種族小組的分數都比美國白人中產階級小組的低。這個發現被有的人用作「證據」，說明有的人種在智力上是比較差，但是，其他結果又說明黑人白人智商的區別不能歸咎於黑人在遺傳上的劣勢，例如，父親是美國黑人士兵的德國嬰兒同父親是美國白人士兵的德國嬰兒智商差不多一樣。更可能的是，這反映了標準智商測驗的一個缺陷——它們偏向於白人中產階級的文化。在某場戰爭中誰領

圖7.1 「你不會搭茅屋,你不知道哪些根能吃用,你不會觀天測雲。你智商測驗不行。」

導了我們國家之類的問題可能偏向那些在西方社會受教育的人,這些人在那段時間有親戚生活在那個國家,這些人的英語比較好。有人企圖搞一種「文化上公平的」測驗,不問帶文化偏向的信息,甚至根本不用語言(見框7.2的例子)。然而,已經證明,一次對多於一種文化做到公平幾乎是不可能的事情。另外,如果智力被定義為對環境做出適當反應的能力,那麼,或許有人就會說,對白人中產階級文化的偏好是現實的,假若這些文化在許多社會都是當代主流的話。

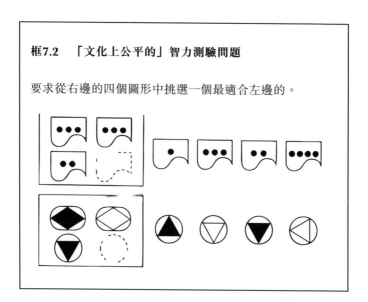

框7.2 「文化上公平的」智力測驗問題

要求從右邊的四個圖形中挑選一個最適合左邊的。

　　有一個建議調解了在關於智力是甚麼或智力是不是天生的等問題上的部分不同意見。這種觀點是有兩種基本類型的智力：一種智力反映了遺傳的潛能或是一種天生的基本能力，另一種是在經歷和潛能相互作用的情況下獲得或學到的。1963年，卡特爾(Cattell)認為那個「流體的」智力是天生解決抽象問題的，而「水晶化了的」智力涉及實際問題的解決和知識，而知識來源於經歷。

智力受環境的影響嗎？

　　心理學家常常通過研究完全一樣的雙胞胎(他們在遺傳上是完全一樣的，但在不同的環境中帶大)，或觀

察多少比較接近的家庭成員之間智力上的類似之處，來試圖搞明白某樣東西是受環境影響還是受遺傳的影響。從這些研究中得到的證據對兩種情況都支持。例如，在一起帶大的雙胞胎之間的智力上的類似比分開帶大的雙胞胎的要大，說明在智力發育中環境的作用。另外，對領養兒童的研究表明他們的智商更類似他們的領養父母而不是親生父母。然而，完全一樣的雙胞胎之間在智力上的類似又比不完全一樣的雙胞胎之間在智力上的類似要大，說明遺傳還是有作用的！因此，遺傳的因素和環境的因素都對智力產生了影響，試圖搞明白哪個因素更重要也許不可能做到，其實也沒甚麼用。再說，並不是總能夠把遺傳的影響同環境的影響分開：例如，可能有意把分開的雙胞胎或領養的孩子放到同他原先家庭類似的環境中去，或者環境可能影響遺傳潛能實現的方式，因為，當社會經濟地位較低的母親由於接受的父母關心愛護較差，生的孩子也較小。

智力能增加嗎？

更有實際用途的問題是智力能否因環境影響而提高。即使像飲食和維生素增加這類最小的變化也能使兒童的智商提高七分，或許是通過它們對整體健康及對精力、專注、注意等因素的影響作用。還有證據顯示，孩子接受父母注意的量也影響其智商——這或許

可以解釋出生順序同智商的意義深長的關係，因為第一個孩子通常總得到較多的注意，而這可能會提高智商。框7.3所述的研究認為，教育的介入也可能對以後的成就有作用。

框7.3　早起步計劃

早起步計劃是想讓美國環境不好的學齡前兒童得到補償。日托托兒所的建立為這些孩子提供了額外的刺激和教育，若干年後，把他們的認知功能和社交功能同沒有進過日托托兒所的孩子進行比較。儘管開頭的結果並不令人鼓舞，似乎早起步計劃造成的優勢都比較命短，不過後來的報告發現，原來有一個「睡眠者效應」——早起步計劃小組在能力測驗中分數較高，而且這個優勢隨孩子們長大而加強。在實際水平上，早起步計劃小組的孩子一般不大可能進補習班或留級，他們更可能會想在學業上追求成功。對家長也有作用——「早起步」學生的母親對其孩子的學校表現表示出更多的滿意並對其孩子有更高的職業期望。

　　與此類似，其他研究也發現日托托兒所及這類學校可以提高智商。在一項研究中，那些上私立高中較多的孩子平均智商高5分，而那些上私立高中較少的孩子平均智商低1.9分。

　　從這些關於智力與智商的研究中，能總結出些甚麼呢？第一，關於智力模式的定義還有待取得一致意見。我們對智力是甚麼有了一個總的看法，但我們卻

用此術語來描述許多不同的事情，而這可能是因為智力本身的確包括很多方面，這些方方面面又或多或少互相有關。統一智力定義的困難也反映在用來衡量智力的測驗裏，於是測驗也並不總是那麼公平(比如，測驗偏好白人中產階級文化)。看來，智力是太複雜又定義得太差，想用智商這樣簡單的數字來反映智力簡直是不可能的。從實際的角度看，智力的研究表明，智商是由遺傳的和環境的影響所決定的，就有可能操縱環境條件來造成持久的好處，無論是智商上的好處或是成就上的好處。

個性

作為概念，個性在心理學中或許更加重要，比智力更難定義。不太嚴格地講，個性反映了一套有特點的行為、態度、興趣、動機、和對世界的感情。個性包括人們如何同其他人發生關聯，而且大家認為個性在一生中是相對穩定的。心理學家努力找出並衡量人們個性不同的方式，這背後的動機之一就是能夠預測他們的未來行動，以便預料、調整、和控制這類行動。然而，衡量個性也和衡量智力一樣有着類似的固有困難，因為，不能直接衡量個性——只能從據說是反映個性的行為中去推斷出來。關於個性的幾種理論已經提出，在表7.1裏，對主要的方法做了小結。

表7.1 關於個性的觀點

方法	關於個性觀點
分類類型	人們被放進大的分類，每種類型在特性上與別的類型不同。例如，類型A或類型B；性格內向，性格外向。
特點的	一種描述性的方法，其中，人是根據特點中的每一項他們具備多少來定義的，比如，高度自覺，低度性格內向。
行為主義的	只把個性看作是人的學習史的反映——他們只是重複過去曾得到加強的反應。
認知的	認為信仰、思想、和精神程序，在決定情景中的行為方面是最重要的。
心理動機的	基於佛洛伊德的著作，認為個性是由內在精神結構(如自我、本精神力量我、超我)決定的，是由來自童年早期的下意識動機或鬥爭決定的。
個人的	強調更高的人類動機，把個性看作是個人的全部經歷，而不是只具有經歷的一些分隔的部分。
情景的	認為個性不是始終如一的，而只是對情景的一個反應。我們通過加強學會以適合情景的方式行動。
相互影響的	把情景的方法和特點的方法結合起來，於是認為人們有傾向以某些方式行動，但是這又受到不同情景要求的調整。

表7.1中的每一種方法都反映了綜合的理論，不可能在此詳細討論。我們將大致談一下它們不同的主要方法，並拿埃森克(Eysenck，1965年)的個性理論當例子，他的理論結合了類型理論和特點理論的主要成份。

在把行為看作由人決定還是由人所在的情景決定這一點上，不同的個性理論有不同的看法，而我們傾向過高估計個性在解釋另一人行為時的重要性(根本的屬性錯誤——見第九章)。然而，情景的方法和行為主

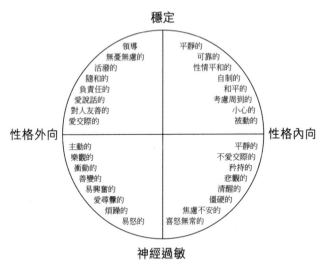

圖7.2　埃森克的個性類型

義的方法認為行為中的所有變量都由情景因素決定或由加強的方式所調節，這未免走得太遠了。如果真是這樣，那麼當別人和我們在一樣情景下做出不同的反應時，我們就想不出甚麼例子了。

　　研究個性的各種方法，在把人當作類型(types)或當作多少具有某些特質(traits)這一點上，也有不同。類型理論強調人的類似之處而特點理論強調個人的差異及他們固有的與眾不同之處。埃森克的方法則把兩者結合起來：他用複雜的統計技巧來分析，並把很多人表現出來的幾百個特點加以分類(如，樂觀的、挑釁的、懶惰的)。開始他以二維的方式搞出了兩組：性格

內向－性格外向和穩定的－過於神經質的，後來，他又加了第三項，智力－精神病，這一項同前兩項並無牽連。每一維中都有許多特點，而一個人若某一特點較明顯，那麼，這一維的其他特點他也會比較明顯——這樣就有了一個全面的類型。

在性格內向－性格外向和過於神經質的－穩定這個二維平面圖中，大多數人都在中間的某個位置，但在智力－精神病的圖上，大多數人都在較低的位置。埃森克給他的理論提出了一個生理的基礎；認為這些性格取向同大腦功能的生理差異有關。例如，他提出性格外向的人具有較低的大腦皮層覺醒(大腦的活動標準，被認為是負責調節覺醒標準的)，所以他們比性格內向的人追求更多的刺激與興奮。相反，性格內向的人被認為是社交上更順從的、對加強比較敏感、具有較低的識閾，所以很容易感到痛苦。然而，對不同性格類型的生理差異的支持是有限的。已經搞出了一種心理測驗來衡量埃森克理論的取向，它使用這類問題來找出性格外向的人，「你是不是喜歡和人交談到那樣一種程度，以至於從不放過和陌生人交談的機會？」和「你能不能輕鬆地給令人生厭的晚會注入活力？」回答下面的問題時說「是」的，就被用來找出更加過於神經質的人，「你是不是經常為做了不該做的事或說了不該說的話而擔憂？」和「你是否被自卑感所困擾？」。

心理測驗有甚麼用處?

在衡量個性、智力之類特性的心理測驗發展的背後,主要的一個動機就是要能預測行為。然而,證據說明個性和智力可能並不像心理測定測驗概念那樣固定。有證據說某些性格特點相對穩定,特別在青春期之後和成年期開始時,同時又有混合的證據提出關於在一個給定的情景中,這種性格特點到底能不能預測個人的實際行為。這種一貫性的悖論(consistency paradox)反映了這樣的事實,即我們傾向於把別人看成是相對始終如一的,比如在「約翰是對人友善的」這句話裏,但是研究發現這些特點並不能很好地預測出一個人在給定的情景中的實際行為。檢驗一系列情景中的行為說明在總的水平上個性特點能把行為預測得好一些(就是說,約翰在大多數情景中是對人友善的),同樣,我們可以預測說,如果我們重複地拋錢幣,頭像和字出現的次數一樣多,但我們還是不能預測下一次拋錢幣的結果是頭像還是字。在這種情況下,行為是受許多變量影響的,不僅是外部的變量,而且有內部的變量,如心情和疲勞。

對智商是否能預測行為也有不少興趣。一方面,智商和智力行為的某些方面是有關係,如工作表現,但是,這種關係又不算很強,而且在大多數行業裏,智商範圍都很大。事實上,有些研究認為,社會–經濟背景比智商更能充當未來學術成就和職業成功的預測

者。對高智商兒童的長期研究發現有些兒童變成十分成功的成人，有些則沒有，而且這兩組人之間在智商上並無差別。但是這兩組人在動機上卻有很大差別：成功的人有更大的上進心，努力去奪取成功。

　　儘管心理學家在量計和衡量人們的差異方面已取得意義深遠的進步，但是在運用這類信息時，還是小心為妙。在理解一次測驗成績的時候，特別重要的是要記住很多因素可能對成績發生了影響，包括遺傳的潛能、經驗、動機、和測驗時的條件。因此，不應該把分數，如智商測驗的分數，看作是界定一個人能力極限的東西；而應該把它們看成是當前水平的指示器，或他們成績的大致範圍。與心理測驗有關的其他危險還來自對某些分數的價值判斷——例如，可能認為分數高就好，那麼，得高分的人就「高人一等」。若走到極端，這種論點還可能為社會和政治目的而被用來支持優生的看法及不鼓勵低智商的人生育後代。但是，一般來說，多知道一點怎麼從智力和個性的角度來衡量人們的不同之處，幫助我們更多地理解許多起作用的變量、變化的潛力及同成就的關係。

參考書

Cattell, R.B. (1963). 'Theory of fluid and crystallized intelligence: a critical experiment'. *Journal of Educational Psychology*, 54: 1–22.

Eysenck, H. J. (1965). *Fact and Fiction in Psychology*. Harmondsworth, Penguin Books Ltd.

第八章

在事情出錯時，發生了甚麼？變態心理學

前一章關注的是典型的人類行為，附帶的個人變量也在正常的範圍之內。與此相對，變態心理學關注的是非典型的行為，附帶的是精神錯亂和精神殘疾。儘管有這個不同，從正常行為研究中得來的信息還是能幫助我們理解反常(變態)行為。只有理解了牽涉在正常功能工作(如，認知、感覺、記憶、情感、學習、個性、發展、及社會關係)中的過程，我們才能開始理解，當它們出錯時發生了甚麼事情。這一章將看看我們怎麼給「反常」定義，怎麼給它分類及怎麼試圖去理解它。

甚麼是「反常」行為？

認出反常行為的極端形式並不難，但是正常與反常的精確界線就不那麼清楚了。例如，失去一個親人後，感到悲傷，這是正常的，但是悲傷到何種程度？悲傷多長時間？正常的悲痛在哪裏結束，反常的悲痛或臨床的抑鬱在哪裏開始？把你得到的每一張收據都

保存起來，保存到家裏幾乎沒有地方可放的程度，這被認為是反常的，那麼，為了「以防萬一」而把大多數收據保存一年或兩年，算不算反常呢？我們大多數人認為有點非理性的害怕是正常的，比如害怕蜘蛛或害怕當眾演講，但如果害怕嚴重到使你不能工作、不能享受生活的程度，還算正常嗎？另外，在一種情形下是正常的行為，到另一種情形下可能就會被認為是反常的：在有些宗教裏，臨時被「上帝」或鬼魂附身並以他們口氣說話，都算是正常的，但是，在其他情況下，就會被看做是嚴重精神病的徵兆。同樣，歷史和文化的因素也會影響關於甚麼是正常的看法，從人們性生活觀念的改變(如，對同性戀的看法)就可看出。

有幾種不同的方法來給反常行為定義。反常行為的心理學定義(psychological definitions)強調行為的當前效用——如果這個行為造成大的痛苦或阻止你達到重要目標，阻止你發展有意義的關係，那麼，這個行為就被看作是功能不健全，是值得治療的。在處理對自己困難缺乏見識的人時，這種方法就有困難，例如，那些非常抑鬱、把自殺當成解脫的人，或有些人認為自己的聽覺上的幻覺是上帝的聲音，在警告他們說他們的鄰居是真正的魔鬼。同樣，僅依據行為是否造成大的痛苦來確定行為算不算反常，也不是沒有困難——行為可能完全正常，反常的可能僅僅是痛苦的程度。

反常行為的醫學定義(medical definitions)把反成行

為看成是一種基礎疾病的症狀，疾病的原因可能已知也可能未知。就是說，如果認為行為是由精神疾病(如精神分裂症、抑鬱、焦慮不安)引起的，行為就被視為反常。重點是用對疾病的精確診斷來確定適當的治療，通常是藥物的治療。然而，對有效治療缺乏一致看法或缺乏證據，可能意思是即使做了正確的診斷，仍可能沒有顯著療效。因為忽視病人環境的影響及破壞病人的反應性，這種醫療模式已受到批評。人們的症狀還不夠多，還不足以證實已經得了某種疾病，但就是一兩種症狀，如多疑、社交上的退縮，也夠厲害了，這時，這種醫療模式又遇到麻煩。從技術上說他們還沒得這種病，但他們的行為看上去已經相當反常。

反常既用統計標準也用社會標準來加以界定——在統計上不常見的被視為反常。這個方法已被用在學習殘疾(精神殘疾)上，如果其智商在全體人口的最低的那百分之二點五範圍內，那麼這種人就算是學習殘疾。然而，這種統計方法的困難之一是許多統計上不常見的行為和特性又不視為反常，比如，其智商在最高的百分之二點五範圍的人！另外，有些功能不健全的行為(如抑鬱或焦慮不安)太平常了，在統計角度上看，它們又算正常了，還有，在一種情況是正常的東西，到另一種情況就不是了：親人喪生有點抑鬱是正常反應，但贏了彩票還抑鬱那就反常了。同樣，不符合社會環境中典型東西的行為可能被視為反常。儘管

這種方法考慮到了人的環境，但是它是順從流行的社會和道德態度的。比如，在維多利亞時代的英國人可能因在公眾場合接吻而被送進醫院，或者，更近一些的，有些政府把政治異見看作是反常行為。

存在的方法（exsistential approaches）把反常行為看成是對反常世界的不可避免的反應，所謂世界，可能指最接近某人的世界，即家庭，也可能指社會意義上的世界。例如，它可能是對相互矛盾指令（一邊是表示尊重和愛，接受的那一邊卻是殘酷和侮辱）的一個反應。這也解釋了這樣一個事實，人們的反常行為對他們周圍的人算個問題，對他們自己倒未必是多大的問題。某人有的妄想（認為自己是重要的名人）給有這種想法的人一個吹捧，但卻給其他人造成麻煩。

正態化或健康為基礎的方法（normalizing or health-based approaches）試圖先列舉出正常的行為或健康的心理功能，然後把與其相對的就界定為反常行為。一般認為，精神健康涉及許多特性，如對現實（既指本人自己的能力這個現實也指外部世界的現實）的準確感覺、某種程度的自我–知識及對自己感情和動機的了解、實行自我控制能力的自律和自信、自我價值感和自我接受感、能建立親近、滿意的，又不防礙他人的關係、並在自己環境中頗有能力。

給反常行為下定義的方法，沒有一種是令人徹底滿意的，把各種定義的成份結合起來恐怕更好一些。

有一種方法把社會的和心理的幸福安樂成份結合起來，認為用下列特性中的任何一個來描述反常行為都不是必需的或足夠的，但是，下列特性有助於指出反常：

反理性和不能理解；不可預測性和失去控制；個人的和社會的不適應性；受苦；不合常規；違反道德標準和理想標準；令其他看到該行為的人感到痛苦。

這種方法的優點是比較靈活，但也隱含着缺點，即它容忍了更大程度的主觀性。心理學家已經認識到給反常行為定義的困難，一部分來自這個事實，即反常行為反映了在早期環境中的整個適應性反應。例如，孩子知道為了躲避懲罰或批評就得不出聲，在那種情形下這樣做是有作用的。然而，如果這種沉默寡言一直持續到成年期，那麼這種行為就變得不起好作用了，它阻礙了同別人建立關係。

給反常分門別類

試圖把許多不同形式的反常行為歸為類型，這樣做既有優點又有缺點。一個潛在的優點是，如果不同類型的反常行為有不同的原因，那麼我們把有某類反常行為的人放在一起就可以更多地理解他們，並且尋找他們在行為或歷史上的其他類似之處。例如，研究

了許多得過恐慌症的人之後，就發現了他們思維方式的類似之處——有過恐慌症的人都把他們身體上的感覺理解為即將來臨的災難的徵兆。那些有過恐慌症的人更可能把胸緊的感覺(焦慮不安的一種普通症狀)理解為心臟病或窒息的徵兆。現在有證據認為這些對身體感覺所做的災難性理解是恐慌症的原因。

給不同類型的反常行為分類、貼標籤，形成診斷(diagnoses)，這些是醫學上表示紊亂、失常的名稱(例如貪食症、社會恐懼症等術語)。這樣做起到了醫學速記的作用，因為它用相對少的單詞傳達了較大的信息量。例如，我們知道患社交恐懼症的人總是過分擔心他們做的事或說的話會令他們在別人面前感到尷尬或羞辱，因此試圖避開某些社交場合或交往。我們也可以從治療其他社交恐懼症病人中獲得信息，比如，甚麼類型的治療可能有效。但是使用診斷標籤時要注意避免一成不變的做法。危險在於，人們一旦有了「恐懼症」的標籤，他們可能被看成和其他恐懼症患者完全一樣，而忽視了他們恐懼症的重要細節及他們個人對該症的反應。往往出現給人而不是給疾病貼標籤的情形，比如不說「他患精神分裂症」而說「他是精神分裂的」，這樣做很失人性，好像所有患精神分裂症的人都有完全一樣的個性似的。

不管以研究為目的還是在臨床實踐中，許多精神健康專業人士都使用標準的方法來給病人的行為分

類，這樣，在不同地方和不同背景工作做的人都知道他們指的是同一樣東西。目前，最常用的分類系統就是美國精神病協會（American Psychiatric Association）編的《精神紊亂診斷與統計手冊》（*Diagnostic and Statistical Manuel of Mental Disorders*）第四版，簡稱DSM–IV。表8.1列了一些該書提到的反常行為類型的例子。

根據DSM–IV，為了達到診斷的標準，患者經歷症狀必須有相當一段時間，所列的具體症狀必須引起他們很大的痛苦或功能不健全。因此，不存在「要麼都是要麼都不是」的定義，當未經培訓的人第一次讀那張表時，會懷疑他們有了書中的每一種診斷，這是一點也不奇怪的。

解釋反常行為

從歷史上看，反常行為曾被歸咎於許多種原因，從飲食不足到月亮的盈虧或惡鬼。

最近，研究人員用科學的方法，比如細心的觀察和假想測試，提出幾種不同的理論來解釋反常行為。一點不奇怪，這些解釋同表7.1所列的不同的有關個性的觀點很有關聯。對反常行為的解釋之所以不一樣，原因很多，在他們主張的治療當中，有的要看解釋是把精力集中在過去還是現在，有的要看解釋基於心理學理論還是基於醫學模式，有的要看治療醫生和病人的意見是否得到同等的重視。

表8.1 反常行為的不同類型

類別	具體失常的例子
精神分裂及其他心理障礙	一組以精神病症候表示其特點的失常——與現實脫離接觸像在幻覺或妄想中、思想和知覺的明顯失調、行為古怪。
焦慮障礙	幾種失常現象,其主要症候是焦慮不安,要麼是對某種特殊刺激的反應,如在驚慌症中,要麼是更加漫射的焦慮不安,像在一般化的焦慮不安中那樣。這類失常許多都涉及驚慌,即一系列焦慮不安症候的突然緊急發作。
心境障礙	正常心境的騷動,從極度抑鬱到異常得意(躁狂症),或交替在兩者之間(躁狂的抑鬱)。
軀體形障礙	身體上的症候,如疼痛或麻痺,但又找不到身體上的原因,似乎心理因素在起作用,比如,兒子一參軍,母親的右胳膊便不能用了,但她兒子請假回到家裏,她的胳膊又好了。在這個類別中還有臆想病,就是對健康的過度擔心及對疾病的先入為主的偏見,常常會有錯誤的信念,認為某人得了致命的疾病。
分裂的障礙	這類失常使通常完整的功能因情感原因而分裂,如意識功能、記憶功能、鑒定功能或知覺功能。在這個類別中還包括多種個性失常和健忘症,例如忘記曾有過受傷的經歷。

性別鑑定的障礙	包括性別偏好的問題，如在性欲上對兒童有興趣(對兒童有反常愛好，paedophilia)，或對物品有性欲上的興趣(戀物癖，fetishism)，性別鑑定上的問題，例如性別轉移主義(認為你陷入了一個性別錯誤的身體裏)和性功能不全(如陽痿)。
進食障礙	以吃的行為的嚴重騷亂為特點的失常，例如，神經性的厭食和貪食。
睡眠障礙	睡眠的總量、質量和時段不正常(例如失眠)，或在睡眠時有反常行為或生理現象發生(例如，夢魘、夜間恐怖、夢遊)。
衝動控制的障礙	不能抵抗衝動、推動和誘惑，例如，竊盜狂(kleptomania)，就是不為個人獲取甚麼，只受衝動支配的盜竊行為，或者拔毛癖(trichotillomania)，就是為快樂或為舒緩緊張而習慣性地拔自己的毛髮。
個性障礙	內心經歷和行為的持久模式，它們是普遍而固定的，引起痛苦或損傷，而且不符合社會標準，例如，自戀性個性失常(narcissistic personality disorder)就牽涉一種浮華的模式，需要讚賞而缺乏神入；過分強制的個性(obsessive-compulsive personality)的特點是全神貫注於整齊有序、盡善盡美和控制。
物質關聯性障礙	對酒精和毒品的過分使用或依賴。
假性障礙	故意搞出或裝出的、身體上的或生理上的症候，為的是假裝「生病的人」或為了得到別的好處，比如經費上的好處或減少責任。

圖8.1 「走開！我是行為療法家！我在幫我的畏高症病人克服困難。」

　　在精神病治療中，使用醫學模式(medical model)是很常見的。醫學模式認為反常行為是身體或精神的疾病造成的結果，而這些疾病又是由大腦或身體的生化功能不全或身體功能不全造成的，有些功能不全可能是由遺傳而得的。在解釋反常行為時，醫學模式的

早期成功就是發現了全身麻痺(general paresis, 是虛弱形式的痴呆, 本世紀初很常見)是梅毒長期感染的結果。在醫學模式中, 治療的主要任務就是做出正確的診斷和進行恰當的治療——例如, 像藥物(比如興奮劑或抗精神病的藥)治療那樣的身體治療, 或者心理外科(用外科技術毀掉或切斷大腦的某些部分), 或者電痙攣療法(electroconvulsive therapy, 英文簡稱ECT——譯者注)。藥劑治療的最新進步意味着藥物治療不再有那種以前藥物老有的、令人衰弱的副作用。這些藥物治療對許多人都有療效, 不過, 我們離擁有對每個人都有效的、而且完全沒有副作用的藥物還有一段距離。在藥物療法到來之前, 精神病外科和電痙攣療法用得很普遍, 而相對紊亂地使用它們又使它們得了個壞名聲。在當代精神病治療中, 電痙攣療法和精神病外科的使用方式更具識別力、好得多。在治療慢性劇痛、沮喪, 或過分強制的失常時, 使用精神病外科的精確度高得多, 而且只是當作最後的辦法, 即其他療法都失敗時才用。同樣, 電痙攣療法被用來引誘發作, 而這些發作影響大腦裏化學物質的平衡。儘管電痙攣療法的使用被說成是野蠻的和非人道的, 但是, 使用肌肉緩和劑和麻醉劑說明可以給肌肉最小量的不舒服, 而且研究表明這種療法在減輕病人的沮喪方面可能是有效的, 這些病人對任何其他療法均無反應而且可能有自殺的危險。

心理動力研究方法（psychodynamic approaches, 按威伯斯特詞典的解釋，psychodynamics 的意思是「用與激勵有關的過去和現在的經歷對個性進行系統研究」——譯者注），基於佛洛伊德的著作，現又被許多人擴展了。簡而言之，這種方法認為反常行為來自本能驅策力之間的衝突，這些驅策力導致焦慮不安，反過來又用防衛機制（defence mechanisms）來處理焦慮不安，或者用戰略來避免或減輕焦慮不安的經歷，以保護人的自我。治療常常集中在病人的早期生活經歷，在治療師幫助下，揭開病人的下意識動機，並解決原始的衝突。使用這種方法的治療師研究出一些技巧，如自由聯想（free association），就是鼓勵病人說出任何進入他們心理的東西，治療師來解釋這些聯想。他們把他們對病人痛苦及痛苦的徵兆（像病人的夢，病人對治療師[移情]的感情）的解釋，都建立在心理動力研究的理論及行為模式之上。

與心理動力研究的方法相反，人本主義的心理療法集中精力於現在，而且認為病人是處在理解他們問題的最佳位置。人本主義的方法認為，人的自我感覺，在促進人的成長和幸福安樂方面，是十分重要的。治療的目的就是鼓勵自重和自我接受，不開心的事情和困難的關係可能已使它們變得很低。治療是一個增強能力的程序，在這程序中，治療師使病人能在「無條件積極關注」的氣氛中揭示他們的問題——就是

治療師對病人完全是非評判性的，而給他們溫暖和神入。

理解反常的第二套方法，也集中於現在的，叫做行為的方法，最近又稱為認知–行為方法。開始，行為方法認治療反常行為不需要理解反常行為的根源——心理學上的症狀被看作是學來的不適應的行為，既然是學來的，也可以不學。這種極端的行為方法僅僅着眼於可觀察的行為。內部事件和含義以及病人的歷史大都被忽略了。例如，治療的技巧包括用系統脫敏(systematic desensitization, 所謂「脫敏」，原義是使人對外來刺激不起反應或不敏感——譯者注)來重新調整，教病人放鬆的技巧並用它們來減輕他們面對越來越威脅的情景時的焦慮。用這種辦法，原來同焦慮聯繫在一起的情景後來就同放鬆聯繫在一起，病人對它們不再害怕。現在行為方法經常和認知方法結合在一起。

認知–行為方法既看病人的可觀察的行為，也看他們內部對情景(認知)的解釋。歷史的和現時的行為樣式，它們都考慮，並且它們還利用認知心理學實驗研究的結果。加上認知的成份被用來表明這樣做既增加了行為治療的效能又增加了對行為治療的配合。例如，有一位曠野恐怖症患者，我們叫她莎拉。她害怕到這樣一種程度，根本不能考慮任何涉及暴露(exposure, 既面對害怕的刺激——在這裏，也就是走出去)的治療。治療師運用認知技巧發現莎拉相信一

圖8.2　佛洛伊德式和行為主義療法

旦她走出去，她會被焦慮壓倒，會心跳過速而引發心
臟病發作。治療師幫助莎拉重新考慮她的症狀，提
供醫學證據，指出莎拉的症狀很不可能是由於心臟
不好，在莎拉犯病時再給她檢查，看到底發生了甚
麼，檢查結果說明曠野恐怖症是焦慮的症狀而不是心
臟病的症狀。莎拉受這個信息的鼓舞，開始進行一
項暴露計劃。在後來的治療中，進行了一項行為實驗
（behavioural experiment）來測試莎拉的預測，看焦慮–引
發的曠野恐怖症能給心臟衰弱帶來甚麼——莎拉測試
這些曠野恐怖症症狀到底會不會導致心臟衰弱，她在
犯曠野恐怖症時，做一切可能導致心臟病發作的事情
（比如，待在很熱的房間裏，做劇烈的操練）。這並沒

導致心臟病發作，這下莎拉最終相信，她的曠野恐怖症是由焦慮引起的，不會造成永久性的傷害。

很清楚，區分反常行為和正常行為並不是那麼直截了當的：被認為反常的東西是有點主觀的，要看上下文（某事之前後關係、情況）、當前的價值、標準，還要看正常行為和反常行為被概念化的方式。理解正常個性和正常行為的不同方式也會影響對反常行為的理解與對待。造成反常行為的因素很多，包括遺傳、早期經歷、學習的歷史、大腦中的生理化學變化、下意識的衝突、最近的充滿壓力的事件或外傷事件以及思維的風格。已經發明出了把反常行為分為不同類型的系統，以便幫助溝通和理解，但是這些系統的有效性仍常受到質疑。

儘管有這些困難，變態心理學還是對反常行為有了一些理解，也知道怎麼幫助有困難的人。這些治療有助於改善痛苦狀況，但它們並沒有給我們幸福的秘訣，而只是集中精力於幫助人恢復到「正常的」狀態而已。在考慮哪一種治療最好的時候，必須記住要精確地比較不同方法的效能是很困難的，尤其是有些方法又不那麼情願接受檢測。該怎麼衡量下意識衝突或自我實現的程度？最看得見的有效治療是基於可檢測的理論而且已經用一切科學的支柱進行了評估：獨立評估、設計好的、用來檢測假設的實驗、多種標準化的衡量、重複多次的量度、以及恰當的、進行比較的

分組。現在，已有證據說明無論藥物治療還是心理治療，對改善痛苦症狀都有效，而像認知–行為療法那樣的心理治療在復發率(relapserates, 治療之後再次復發的病人的比率)方面比藥物治療更具優勢。

變態心理學之所以能這樣發展，部分原因是心理學其他領域的進步。例子很多，包括理解知覺和注意受心情影響的方式(感到害怕如何使人總警惕着危險或過度警惕 hypervigilant)；人怎麼能查出跡象卻又不知道自己這樣做了，感到痛苦卻不理解為甚麼；記憶怎麼可能不精確又可能精確；抵抗一組人凝視的壓力可能會多麼難。因此，變態心理學的進一步發展，不論是朝改善治療方向發展，還是朝阻止問題發生的方向發展，都不會孤立地發生，而應用它們的方式需要從屬於同樣嚴格的科學標準和道德標準。變態心理學試圖保證：事實的基礎是足夠好的，而它們的理論和實踐就建立這個基礎之上，用明顯不帶偏見的方法使用事實，不帶強制，不有意培植依賴性或製造附加的問題。為這個原因，變態心理學中治療應用的道德標準已經搞出來了，並且將根據新的科學和文化的發展不斷加以修改。

參考書

American Psychiatric Association (1994). *Diagnostic and Statistical Manuel of Mental Disorders* (4th edition). Washington, D. C., APA.

第九章
我們如何相互影響？社會心理學

　　前面幾章集中在個人。但是，只有在本質上把人類行為當作社會的行為來考慮，即把它當成是直接或間接受別人行為影響的，才能正確地理解人類的行為。同樣，別人在場通常也會影響我們的行為：有些事你一人在家可能會做，但在公眾場合你做夢也不會去做的。心理學家把這種別人在場所造成的行為變化的過程稱為社會助長（social facilitation）。社會助長的一個明顯形式就是競爭。一般來說，如果人們相信他們在和某人競爭──即使沒有獎，他們的表現就會提高。看來只要有別人在場才是關鍵因素，而不是競爭的氣氛。甚至叫人們不要競爭，但看到有別人在工作(共同行動效應，the co-action effect)或別人在看他們工作(觀眾效應，the audience effect)，他們工作得就快一些。

　　實驗表明只要告訴參與者別人在別的地方也正在完成同樣的任務，就能產生社會助長的效應。因此，如果你打電話給同學，發現他們都在努力複習功課，那麼你自己複習迎考的動機就會增強。社會助長是否能提高表現水平決定於任務的性質。如果任務挺簡單

又是你學過的，那麼表現會得到改進，如果任務很複雜、很新、或很困難，表現就可能不好。社會助長現象在動物中也有——甚至蟑螂在被同類觀看的情況下，跑得也更快一些。

更直接的社會影響的形式就不光包括其他人在場，還包括和其他人互相影響及做出努力試圖改變他們的行為。這可能發生在：一個人企圖影響作為整體的一組人時（領導才能 leadership），幾個小組成員鼓勵別人採取某個具體態度（遵從 conformity），某權威人士企圖叫某人滿足他們的要求（服從 obedience），或某一組的態度影響他們對另一組採取的行為（偏見 prejudice）。本章將集中討論這四個問題，作為社會心理學的例子。

天生的領袖？

起初大家認為領導是一種特性，有的人有這種特性，另外一些人則沒有。因此才會有這類評語，「他是天生的領袖」。很多特點，如身高、體重、智力、自信及吸引人的外貌，都被人認為同領導有關，至少在男人中是如此。說到智力，幾項研究說明，典型的領袖在智力上只比小組成員的平均水平略高一點而已，而一般說來，心理學家又不能找出許多特性來區別領袖和非領袖。這就解釋了為甚麼我們都能把不特別漂亮的人想像成為領袖人物。

因為具體的領袖特性不好展示，心理學家又探索了其他可能性。首先，已經看到領導風格可以影響小組成員的行為和生產率。一般來說，民主的風格促進好的生產率及小組成員之間良好的人際關係。獨裁的風格一般更權力主義、更指令性，它使小組成員沒多少決策權，雖說生產率也差不多一樣(條件是領導人在場)，但是會導致小組成員之間較差的人際關係和合作。放任自流的領導讓小組各行其是，結果，其生產率比民主的和獨裁的領導方法都低。這些研究結果已經影響了許多機構的管理戰略的發展，鼓勵脫離權力主義的管理模式而朝更民主的程序發展，使工人們在機構管理中有一點發言權。

心理學家對領導的職位方面也進行了調查，認為領導主要決定於小組需要一個領導人來完成的那些功能。因此，領導的個人素質或領導風格同職位的要求相匹配才是關鍵所在。有一些證據支持這個看法。例如，在小組的條件既不是最好也不是最壞時，以關係定位的領導就比較有生產力。相反，當小組的條件更極端一些(要麼極端有利，要麼極端不利)時，指令性的、控制型的、以任務定位的領導反而產生更大的效果。這也許就可以解釋為甚麼在國家經受極端困難時，獨裁性的領袖更加受歡迎。例如，希特勒搏得歡迎時，德國正在為償還第一次世界大戰失利的戰爭賠款而艱苦掙扎。

為了找出更多有關職位對領導的影響，有些研究人員研究了隨便挑一個人放到中心位置上的效果。實驗表明，如果小組成員被迫只同一個中心人物溝通，那麼這個人就開始發揮領導人的功能。和佔據外圍位置的人相比，中心位置的人送出更多的信息、解決問題更快、犯的錯誤更少，對他們本人和小組的努力更為滿意。放在領導崗位上的人傾向接受挑戰，舉止行為也更像個領導人，也被其他人看成是領導人。這也許可以解釋為甚麼看上去天生不像領導人的人也可以達到這個位置：「有的人生來就偉大，有些人經過努力達到偉大，還有些人把偉大戳在他們身上」（《第十二夜》，第二幕）。因此，好領導的素質是根據小組面臨問題的情景和性質而變化的。

順從

理解領導的含義有助於解釋個人對小組的作用，可是小組對個人的作用比想像的更複雜。你可能曾處在小組的背景中，而自己的意見與大多數人不同。在這類情形下，你可能會改變自己的觀點去順應小組——尤其是假如你對自己的觀點沒把握，或你有理由相信大多數人有更有效的信息來源。然而，要是你肯定自己是正確的而小組是不正確的，又該怎麼辦？你會屈服於社會壓力而順應嗎？看到來自個人或小組的壓力而改變自己的行為或態度，這叫做順從。你可

能已經留意到，假如好幾個人已經對一個問題給出同樣的答案，那麼最後那位不大可能不同意。因此，「陪審團被絞死」是非常罕見的情形。通過實驗研究順應，在實驗中，要人回答一個簡單的問題，在他們已經聽到好幾個人給出同樣的錯誤答案之後。重要的是真的參與人相信其他人都回答得很誠實。結果顯示，在百分之三十的時間裏，人們都順從，也就是給出同樣的錯誤答案。

為甚麼人們要這樣做？看起來人們因小組壓力而改變自己的觀點或行為，有幾個原因。一些在實驗中順從的人承認自己知道給出的答案是錯的，但因為不想和別人不一樣，或害怕別人笑話他，或認為他們不順從，會令實驗中斷，所以還是給了不對的答案。另外一些人好像已經把小組的觀點內部化了，於是他們意識不到自己已經受到別人的影響。當任務困難的時候或者當其他人被認為是更具競爭力時，這種類型的順從(即別人的影響處於認不出來的狀態)更為常見。例如，你關於下次選舉日期的看法，更容易受政客的影響，當你聽到他們在說選舉將在四月，而不大容易受售貨員的影響，即使你也聽到他們這麼說。

服從

當一個人屈服於小組的壓力時，就出現順應。權威人物也能造成類似的效果，而滿足權威人物的要求

A

B

C

圖9.1　抗衡大多數輿論

A.　除左邊第六人，其他的小組成員被指示統一給錯誤的答案。在18次試驗中的12次，六號被告知他參加了視覺判斷的實驗，因此，當他給出正確的答案時，他發現自己是一個孤獨的異見者。

B.　主角，顯示與大多數人反復不同意的緊張傾向，傾側向前焦慮地對着一對卡片。

C.　異常的是主角堅持他的觀點。

就叫做服從。對服從進行的科學調查是受到了戰爭暴行的暗示，像二戰時期的大屠殺或在麥來屠殺越南平民。在這些戰爭的餘波中，很明顯，許多看上去也是平常文明人的戰士，卻犯下了滔天大罪。當問到為甚麼要做這些事情的時候，最常見的辯護詞就是，「我只是服從命令而已」。因此，心理學家開始對這個問題感興趣，就是一個普通人究竟能走多遠，若僅僅因為別人叫他們去這麼做的話。框9.1描述了在公眾場合下調查服從的一個實驗。

到底是甚麼東西造成這種服從？一種看法是對權威的服從在社會生活中是十分重要的，可能在進化的過程中服從已經被植入我們的遺傳構造。事實上，在文明生活的各方面，像法律、軍隊、學校等系統，都依靠人們服從權威人士的指示。但是，心理學因素也可能影響服從。像應該禮貌待人這樣的社會標準，可能使參與者更覺得難以拒絕繼續實驗，特別是在實驗一旦開始之後。拒絕繼續實驗意味着先前已經做的事情是錯的，這可能隱含着他們認為實驗者很壞。為甚麼在戰爭中那麼少人不服從命令就變得比較容易理解了，和僅僅開罪某人相比，不服從命令要受的懲罰要嚴重得多。實驗者的在場也增強了服從：當指示用電話方式轉達時，服從的百分比就從65下降到21。另外，還有人作弊，給出較弱的電擊。因此，服從至少部分地依靠不斷的監視。

框9.1　服從的極端

通過報紙招聘的公眾成員參加了「記憶的研究」。參與者被告之他們將扮演「教師」，並要把一系列成對的詞組教給「學生」。教師被告之他們該怎麼按動操縱桿來給犯錯誤的學生施放電擊。教師看見學生被綁在電椅上，有一個電極放在手腕處。讓教師們看了一次45伏特的電擊，使他們相信發電機的真實性。然後，教師坐在發電機前的位子上，面前有30個開關，分別表示從「15伏特——輕微電擊」到「450伏特——危險：劇烈電擊」的不同檔次的電擊，教師被告之，學生每犯錯一次，電擊的檔次要提高一級。實驗者自始至終在房間裏面。實際上，那位學生是個演員，他根本沒受到電擊，不過他曾受過培訓，會裝出受到電擊後的反應，而且會犯許多錯誤。當電擊變得厲害起來時，那演員開始大喊大叫和詛咒。到出現標明「極端嚴重的電擊」的時候，那演員安靜下來，再也不回答問題了。不奇怪，很多參與者反對並要求停止實驗下去。實驗者指示他們繼續實驗下去。令人震驚的是百分之六十五的參與者都堅持到最後的電擊檔次(450伏特)而且在300伏特(就是演員開始踢旁邊的牆的時候)之前沒有停頓過。實驗的結果說明普通人真可以走得很遠，如果在權威位置上的某人叫他們這麼做的話。

米爾格蘭姆(Milgram)，1974年

　　還有兩個因素對這些實驗中的服從也有影響，這兩個因素和戰爭中見到的服從也有關聯。第一，如果能離受害者遠一些，那麼，人們對加害別人更有準備

圖9.2　米爾格蘭姆實驗

一點。假如教師不得不把學生的手強按到電極板上來處罰他的錯誤，那麼，比起教師不必看到或碰到學生的情況，服從就會少得多。這種情況和現代戰爭類似，在現代戰爭中，殺人不必見到被殺者受苦，只要按一下按鈕就行了。事實上，從心理學意義上說，用核炸彈殺一百萬人比面對面殺一個人要容易些。第二，相信暴力只是實現有價值事業的手段，或意識形態上的正當理由（ideological justification），也對服從有影響。在實驗中，人們認為他們是在為科學研究做事情。當重複實驗卻又沒和著名大學有甚麼關聯，肯服

從指示的人就少了。同樣，在戰爭中許多士兵相信服從命令對他們的同胞最有利，而對他們的培訓，就包括用使敵人失去人性的辦法來培養支持挑釁行動的態度。

提前問到他們時，大多數人都很堅決，説他們不會順應或服從施放電擊的指示。大多數人確實遵從或服從了，這個事實説明我們並不善於預測自己的行為。我們認為我們會做的同我們實際上所做的之間的這種脱節，是個很好的例子，説明我們傾向於過高估計個性因素的重要性，而過低估計情景影響的重要性（根本的歸因錯誤 the fundamental attribution error）。服從和遵從不能看作是非常令人稱心如意的東西，但是他們肯定對內聚力有所貢獻，正是這種內聚力使我們有能力生活在文明社會裏。例如，沒有服從就不可能有法律的加強，沒有某種程度的遵從就不可能有民主。

偏見

除了看小組對個人的影響之外，社會心理學家還關注一個小組對另一個小組的影響。藍眼睛–棕黃眼睛實驗（框9.2）説明從屬於一個特定小組能改變一個人的行為。

儘管上面的實驗有些不自然，但是它卻包含了偏見在現實世界裏的許多含義。偏見是對某一小組的（後又擴展到對每個小組成員的）、相對比較持久的（通常是負面的）看法。偏見往往涉及定型（stereotyping）。

框9.2　藍眼睛更好還是棕黃眼睛更好？

學生聽他們老師講，有棕黃眼睛的學生智力更高，是「更好」的人。老師給棕黃眼睛的孩子一些特權，比如坐在教室的前排。兩組孩子的行為都變了：藍眼睛孩子出現自尊降低、心情憂鬱的跡象，而且功課也做得差了，而棕黃眼睛的孩子對他們的「下級」變得吹毛求疵和壓制起來。幾天之後，老師說她搞錯了，藍眼睛的孩子才是更優秀的，行為樣式很快轉回去了，棕黃眼睛的孩子變得憂鬱起來。當然，結束之後，要給孩子們解釋一下這個研究的基本原理。

阿郎森(Aronson)和奧舍羅(Osherow)，1980年

定型就是根據一些現成的、可以鑒別的特點，如，年齡、種族、性別、職業等，把人們分類，然後認為某人有某些特點，而這些特點是那個小組成員的所謂典型特點。例如，有人對女人有偏見，認為女人既蠢又弱小，於是他們就把這種看法用到他們見到的每個女人身上。涉及偏見的定型可能包含一點真理(例如，平均而言，女人是比男人弱小)，它們常常過於籠統——有些女人就比有些男人強壯——或過於僵硬——不是所有女人都既蠢又弱小——或不精確——沒有證據表明女人在智力上不如男人。

　　在世界上不同小組中展現出偏見的許多形式，社會心理學家對作為它們基礎的心理因素進行了調查。

看起來，個性因素和情景的影響，兩者都對偏見的發展做出了貢獻。藍眼睛–棕黃眼睛的實驗說明，只要給一個小組特權而不給另一組，就可以造出偏見。同樣，把兩個小組放到爭奪同一種資源的競爭中去，偏見也很容易發展，如在「強盜的山洞」這個實驗中所見到的(框9.3)。

幾個證據來源表明對資源的競爭可以導致偏見。例如，據說在美國南方幾州，因種族原因而發生的私刑處死的數目，在金融困難時就增加，在繁榮年代

框9.3　實驗「強盜的山洞」

二十二個十一歲的男孩，在一個夏令營裏(「強盜的山洞」)，參加了這次合作行為的研究。

第一階段：男孩被分為兩組，但分別都不知道還有另外一組。每組選一個名字分別叫做響尾蛇和鷹，用印有小組名字的帽子和T恤衫作為小組的標誌。每個小組分別參加合作的活動並制定一些小組行為的標準，比如，裸體游泳或不提想家的事。

第二階段：引進競爭的成份。兩個小組互相都知道對方的存在，並且為在大型比賽中爭奪獎項而競爭。一輪競爭失利之後，一組攻擊另一組的爭鬥很快發展起來。

第三階段：通過合作的活動解決爭鬥。這些活動有一些雙方都想要的但又必須通過合作才能達到的目標，比如，湊錢租小麵包車。這樣做，最終既消除了對另外一組成員的負面偏見，也消除了對自己小組成員的正面偏見。

就減少。偏見也可能出自想要正面地看待自己的普通需求：人們總是用較正面的角度看自己所屬的小組，而不是別的小組。這樣，他們對自己小組就形成了正面的偏見，對別的小組就形成了負面的偏見(種族中心主義 ethnocentrism)。還有人認為偏見是替罪(scapegoating)的一種形式，在這個形式中矛頭指向替罪羊(通常是一個社會允許的或合法的目標)，因為不可能把自己的矛頭指向真正的目標——因為害怕造成的後果或因為後果不是那麼容易改變的。很清楚，情景的因素影響偏見的發展。然而，幾項研究已經發現，持偏見的人往往會有某些個性特點，比如不夠靈活和更加專制。個性特點和形成偏見的趨勢，這兩者之間的關係幫助我們解釋了為甚麼兩個經歷類似的人，可能會有不同水平的偏見。

心理學家用他們關於偏見中的心理因素的知識，來看產生偏見的方法。起初認為，增加接觸、減少隔離或許有幫助。缺乏同另一小組的直接接觸會導致孤獨性敵視(autistic hostility)——忽視另一組就理解不了他們行動的原因，就沒有機會發現對他們行為所做的負面理解是否不正確。因此，要減少偏見，相對抗的雙方就需要接觸。然而，建立在不公平之上的接觸(比如，當男性老板僱傭女秘書或女清潔工)，可能起到加強定型的作用。另外，因為不公平和對稀缺資源的競爭只會助長偏見的形成，所以，為減少偏見而進行

的接觸應該建立在公平的基礎之上並鼓勵追求共同目標，而不是鼓勵競爭。

我們已經看過了社會助長、領導、順應、服從和偏見並且也已看到我們的思想、感情、行為是受別人影響的。從這些研究中能得出甚麼結論，這些結論有甚麼用處？對社會助長和領導的研究認為某些工作條件可以提高工人的勞動生產率及滿足感，而這條信息對僱主很有用。對服從和順應的研究表明，我們比我們意識到的還要容易受別人壓力的影響，這些研究，為理解為甚麼我們對這類壓力特別敏感，提供了一個框架。更好地理解對服從和順應起作用的因素在兩種情形下都有用，一是在需要順應和服從的情形，比如在軍隊裏；二是在堅持自己觀點是十分重要的情形。例如，現在美國有的州陪審團只有六個人而不是十二個人，因為社會心理學家的發現認為，人數少一點的小組不大會產生過度的壓力叫人順應。對偏見的心理學研究，找出了一些基本因素，幫助發展了更有效的計劃來減少偏見，減少不同小組間的爭鬥。

這一章介紹了社會心理學家感興趣的一些問題，及他們用來調查這些問題的一些方法。社會心理學的許多有趣領域還未都談到，比如，小組動力學、旁觀者調停、群體行為、印象的製作、及人際間的吸引。無論是反社會的行為（如足球賽場上的流氓歹徒）還是支持社會的行為（如利他主義的行動）都很有趣。社會

心理學今後的最主要的挑戰，就是對有助於預測、控制或調整(增加或減少)上述兩類行為的諸多因素，有更多的了解。

參考書

Aronson, E., and Osherow, N. (1980). Co-operation, pro-social behaviour and academic performance: experiments in the desegregated classroom. *Applied Social Psychology Annual* 1: 163–96.

Milgram, S. (1974). *Obedience to Authority: An Experimental View*. New York, Harper & Row.

Sherif, M., Harvey, O. J., White, B. J., Hood, W. R., Sherif, C. W. (1961). *Intergroup Conflict and Co-operation: The Robbers Cave Experiment*. University of Oklahoma Press.

第十章
心理學是幹甚麼用的？

　　心理學既是一門學術科目又有許多實際用途。偏重學術的心理學家可能鑽研心理學的某一領域，同時也進行研究，去進一步了解「精神生活之科學」。他們了解到的東西幫助我們理解、解釋、預測或像一個控制中心似的，調整在我們心裏進行着的東西：認知、影響及行為(我們所想、所感覺及所做的事)。他們也可能建立理論和假設去進行測試，或在應用的背景中進行獨特的研究，因此，學術領域與專業領域的發展可以互相影響，並取得特別多產的結果，只要他們相互間溝通得好。例如，以實驗室為基地的工作表明，動物為了得到獎賞，也會完成相當複雜的任務，或一系列任務，這項工作再加上對這些方法用於人體的研究，終於推動了籌碼經濟學(token economy)計劃的發展。這些計劃奏效靠的是用籌碼獎勵你想要增多的行為，而籌碼可以換取「糖果」或特權。這類計劃已經成功用於罪犯的心理健康恢復、幫助長期住院的人有更強的自理能力。反過來，專業心理學家觀察到的東西也可能刺激學術界的興趣。例如，在醫院工作

的心理學家注意到，有些有聽幻覺毛病的人，如果戴上耳塞，聽幻覺就少一些。這個觀察結果推動了對聽覺和聽幻覺關係有價值的研究。

專業心理學家在哪裏工作？

　　心理學家對人類功能的各方面都可能感興趣，有時，對動物的功能也感興趣。因此，他們作為應用的或專業的心理學家，可以在許多領域工作。臨床的或保健的心理學家在保健的背景裏工作，像醫院、診所、大夫辦公室或其他社區背景。臨床心理學家主要用心理技術幫助人們克服困難和病痛。他們的研究生訓練使他們有能力提供療法和顧問建議，評價心理干涉和其他干涉，用他們的研究技巧來發展出新的技巧，教別人或指導別人，並對全面的計劃、發展、服務管理做出貢獻。健康心理學家偏重於關心病人身體健康的心理方面，用他們的知識來協助治療或預防疾病和殘廢。例如，設計關於愛滋病或節食的教育計劃、找出同病人溝通的最好方法、幫助人們處理同健康有關的問題，比如，手術後的恢復或慢性病(如糖尿病)病人的生活。

　　專業心理學家也在保健背景之外工作。例如，法醫心理學家與監獄、緩刑或警察服務打交道，用他們的技巧協助破案、預測罪犯或嫌疑人的行為、幫助罪犯的心理健康恢復。

教育心理學家的特長是在學校的各方面，像觀察學習和調整的決定因素或解決教育的問題。環境心理學家的興趣是人同環境之間的相互作用，他們在這類區域裏工作：城鎮計劃、人類工程學和進行住房設計以減少犯罪。運動心理學家試圖幫助運動員創造最好成績、研製培訓計劃和對付競爭壓力的辦法。

企業和商業的許多方面也使用專業心理學家。職業心理學家考慮勞動生活的各方面，包括挑選（員工）、培訓、員工士氣、人類工程學（ergnomics, 原義是「研究工作對個人之適合性的科學」，現在，照《最新高級英漢詞典》的解釋譯作「人類工程學」——譯者注）、管理問題、工作滿足感、激勵和病假。他們常被公司聘請去提高員工的滿足感和/或員工的表現。消費心理學家集中精力於市場問題，像廣告、購物行為、市場研究、為變化的市場研製新產品。

在中學和大學裏學過點心理學、但沒有完成過心理學專業培訓的人們，常發現他們的心理學知識不論在個人生活還是在他們工作中都蠻有用。不奇怪，知道一點關於我們的心靈是怎麼工作的，知道如何確定關於其工作（主要基於自省）的直覺或先入之見是否有道理，確實有很多優勢。心理學家的發現和他們發現事物所用的方法，在一系列專業角色中都有潛在的用途，像教書、社會工作、警察、護士和醫療、為電視和電台節目做研究、政治顧問和分析、記者和寫作、

管理和人事、發展溝通方法和信息技術、訓練及照看動物、它們的健康或它們要求的生存環境。心理學這門學科，既教授用途廣泛的技巧，又提供對精神生活——即對思想、感情和行為——進行科學思考的訓練。

心理學的運用與濫用

人們常常做一些假設，說心理學家能做甚麼事情——例如，他們能從你的身體語言知道你在想甚麼，或者閱讀你的心靈。這類假設是可以理解的，但卻並不正確。我們已經知道，心理學家可以研究思想的各方面，用獎勵來改變行為，給憂鬱的人們一點勸告，有點準確地預測將來的行為。然而，他們並不能閱讀人們的心靈，也不能違背人家的意願去操縱人家，他們也尚未給幸福畫出藍圖。

心理學也可能被誤用，事實上，就像任何其他科學的信息體被誤用一樣。有些誤用相對說來小一些，給難題提供膚淺的答案，比如怎麼當個好家長，但有的誤用就根本不是小問題了：把具有某些政治觀點的人當成是精神上有病。還有人指責心理學家助長了「精神變態的嘮叨」或偽科學的、充滿難懂的行話術語的聲明和勸告，並且還搞了一些結構糟糕的計劃，據說還是基於穩妥的心理學原則的。一位心理學評論家，在評論最近用舉辦驚險活動培訓班的手段組班數目增加的情況時說，「心理學家，過去是為標新立異

而召集會議的行家，現在終於把他們的注意力轉向二十世紀末期共同的殘暴色情狂的最怪異的表現」。研究者們還「發現」，那些「在製作木筏上不能名列前茅的人，可能會灰溜溜地返回辦公室，信心化為灰燼。」當然，組班數目增加的原因可能和福利有關，跟心理決策倒沒多大關係。

像其他學科一樣，心理學可能被誤解或誤用，但這個事實並不減損它的價值。然而，心理學的確處於一個特殊的位置，因為它是這樣一個學科，每人都有一些關於它的內部信息，每個人都可以對它表達基於個人信息和主觀經歷的觀點。舉一個例子或許有助於解釋這個問題。心理學家已經花了許多年時間研究不同類型的不幸，現在，他們把注意力轉向更為正面的情感，搞了一些調查，了解婦女在婚姻中的幸福。一份關於美國婦女的有代表性的調查說，結婚五年以上的婦女中，有一半的人說她們「非常幸福」，對她們的婚姻「完全滿意」，百分之十的人在目前的婚姻期間有過婚外情。與此相反，在海特(Shere Hite)發表報告《婦女與愛情》(*Women and Love*)，結婚五年以上的婦女中，百分之七十有婚外情，百分之九十五的人在情感上受到過她所愛之人的騷擾。和前面那份報告的結果不同，這些發現在媒體上廣泛報道，而海特本人很看重這些結果，因為4,500名婦女回應了她的調查。但她的工作有兩個主要的問題。第一，接受調查的人

中，不足百分之五的人作了回應(因此，我們就不了解另外百分之九十五以上的人的意見)，第二，只聯絡屬於團體、組織的婦女。因此，回應的人(屬於婦女組織、又願意回應調查的婦女，佔很小的百分比)在相關的婦女人口中並不具有代表性。這類報告帶來問題，因為我們知道人們傾向接受那些符合他們預感或先入之見的信息，而注意力很容易就被驚人的、新穎的或報警的信息所吸引。

問題是心理學並不靠預感和常識來引導。為了恰當地理解心理學上的發現，人們需要了解怎樣評估他們得到的信息的狀態和性質。心理學家能夠參與，而且也確實參與了像婚姻和幸福之類的討論，他們還可以幫我們提出一些能用科學方法來回答的問題。不是問「婚姻幸福嗎？」，而是問「結婚五年以上的婦女對她們婚姻的幸福報告了些甚麼？」。因此，心理學科學的、方法論的本質決定了心理學是幹甚麼用的──也就是做下列事情的重要性：研究發展適當的詢問方法、以明顯客觀的方式報告結果及教育其他人了解心理學這門學科。

和任何科學一樣，心理學的本質一直決定於，現在仍決定於它所使用的科學方法和技術。同樣道理，建設中的大橋和樓房的設計、信息在相隔很遠的人們之間傳播的速度也決定於技術的發展。例如，統計的、複雜的、電腦化了的程序，幫心理學家保證他們

的調查能準確反映事實。對大批人的調查可以告訴我們有關幸福的很多具體方面的情況，只要它們是有代表性的、又進行得恰當、解釋得謹慎並且以不帶偏見的方式加以報道。要使調查具有代表性，一切有關的人群——城市的和農村的、黑人和白人、富人和窮人被挑選的機會應該均等，抽樣調查挑選人數的比例要和進行抽樣地區的人口比例一致。電腦技術的發展使心理學家可以進行這類隨機抽樣程序，並檢查他們的隨機抽樣是否確實在總人口中有代表性。黑人和白人數目相同的抽樣調查，在贊比亞和在法國一樣，都沒有代表性。統計上的考慮是最重要的，例如，統計上的考慮認為，1,500人的隨機抽樣，就可以提出對一百萬人觀點的相當精確的估計——只要隨機抽樣是有代表性的。一個調查有4,500人參加，不一定就比1,500人的抽樣調查更精確，如果抽樣調查的構成在重要的方面同人口(得出的就是有關他們的結論)的構成不一致的話。心理學又一次處於特別困難的位置，因為心理學技術的某些方面，一般是唾手可得的。誰都可以搞一次調查。可不是誰都能建一座橋。知道如何正確地做某件事，也是同樣重要的。

下一步是甚麼？進步和複雜性

　　一百年前，我們今天所了解的心理學幾乎不存在。在這個學科的各方面都取得了長足的進步，還可

以期望更多的進步。例如，現在我們在較大程度上知道，我們建造關於世界及世界上發生的事情的經歷，並不是只運用我們感覺、注意、學習、記憶的本事給我們提供一個關於外部現實的、被動的反映。我們的精神生活原來比早期心理學家設想的要主動得多了。早期心理學家用記載精神生活的結構和功能的方法開始了他們的精神生活，精神生活，經過上千年的進化適應力量的雕琢，才變成現在這個樣子。心理學家使我們能夠理解精神程序工作的基本原理，以及為甚麼它們以它們現在運作的方式運作。但是，在提供答案的同時，他們的發現又不斷提出問題。如果記憶是一項活動而不是一個儲藏器，那我們該怎麼理解記憶的成長與變遷？為甚麼智力高的人用那麼多不合邏輯的方式進行思維和推理？我們能不能模擬這些東西，創造人造的「高智力」機器，不僅能在規定時間內處理大批量的信息，而且還能像人一樣教我們理解精神生活的其他方面？我們怎麼才能理解包含創造性的或非言辭的思維和溝通的程序？語言和思想之間，思想和感情之間的關係的精確本質究竟是甚麼？人們是怎麼改變主意的？或者是怎麼修正過時的或無用的思維樣式的？我們知道這些問題的答案，還有好多像它們一樣的東西，是十分複雜的，因為有那麼多因素影響着心理功能的各方面，但是，由於正在發展越來越有力

的研究和分析的技術，由於有關的變量正在被挑出來，越來越有可能得出答案。

　　二十世紀的社會、政治問題刺激了大量的心理學家的工作。例如，在二戰期間，對智力和個性的理解和衡量得到長足的進步，因為那時軍隊需要更好的手段來進行招募和挑選士兵的工作。人們在戰爭中的行為又引起米爾格蘭姆的著名的關於服從的研究。大城市的社會條件清苦又給早起步計劃提供了環境，從早起步計劃裏，我們學到了怎麼來彌補兒童早期環境的不利。企業和政治文化的發展給有關領導、團隊工作和指定目標的研究提供了背景。明顯的社會問題產生了緊迫的需求，即需要更多地了解偏見、了解怎麼處理現代生活造成的壓力和緊張。在下一個世紀裏，心理學的發展很可能會繼續受到我們面臨的社會問題和環境問題的影響。現在，心理學家還在繼續工作，為了理解更多關於外傷經歷對記憶、對不同類型的丟失記憶和「恢復」記憶的作用，在與此類似的領域裏，部分的答案要比完整的答案更常見。研究的成果常常要改進指導未來假設的問題。

　　和哪怕是五十年前的心理學相比，今天的心理學是個更加多元也更加科學的學科。它的複雜性意味着，它可能永遠不會像只有單個例證的科學那樣發展，它將繼續從不同角度——認知和行為的角度、精

神生理學角度、生物學角度和社會的角度——提供對精神生活的理解。和其他任何學科一樣，它既是對立學派爭鳴的場所，又是達成一致的場所——正是這一點，使心理學成為一門令人興奮的學科。例如，很久之前，心理學就分成更為實驗性的分支和更為人性的分支，而這兩個分支分別得到了發展。也許，今天心理學家面前最令人興奮的挑戰之一，就是把心理學一些不同專業的成果放在一起。這種努力對「認知科學」的發展有貢獻，在認知科學中，許多不同領域的科學家(不光是心理學方面的)為加深對精神(即大腦的)功能的理解、加深對行為的理解而在一起工作。心理學家對人類生活和行為的生理基礎一直是有興趣的，他們現在又在為進一步理解遺傳因子和環境——本性和教養——如何相互影響而做出貢獻。

同樣，搞研究的心理學家和他們搞臨床的同行之間的緊密合作開拓了令人興奮的多種可能性。只提一下其中的兩個例子：對嬰兒及其關愛施行者之間不斷發展的關係進行科學的理解，這方面的進步，可能弄清聯結樣式怎麼把人放到某個(可以量度的)發展方向上去，而這個發展方向可能帶出了後來的精神病理學。早期不好測試的一些看法，現在可以這麼做了，因為心理學的不同分支走到一起，在各分支工作的人們可以互相學習。第二個例子，斟酌考慮了診所裏得出的觀察結果之後，闡明人體功能的四個主要方面(思

維、感情、身體的感官、行為）之間關係的理論模式已
經做出來了。這些複雜模式不僅對理解精神程序和現
在行為的決定因素具有意義，而且對解釋過去經歷的
影響、對改進心理問題的治療也有意義。毫無疑問，
未來研究提出的問題和解答的問題一樣多，而且同樣
確定的是，心理學仍然會令人傾倒──既有從他們個
人主觀經歷來了解心理學的人、也有把心理學當成他
們一輩子工作的人。

推薦閱讀書目

入門讀物

這些入門的教科書是為那些剛開始培養對心理學興趣的人準備的,他們在不在校讀書都行。這些書大多數都有一個總的概論而理查德·羅斯(Richard Gross)的那本《心理學的重點研究》,之所以被推薦是因為這本書裏有三十五篇原文的詳細摘要。這些書能讓讀者對作為心理學基礎的科學資料立即有個印象,並且讓讀者隨着發現的過程有一種興奮感。

Eysenck, M. W. (1994). *Perspectives on Psychology*. Hove, Lawrence Erlbaum Associates.

Gross, R. D. (1994). *Key Studies in Psychology* (2nd edition). London, Hodder & Stoughton.

Hayes, N. (1994). *Teach Youself Psychology*. London, Hodder Headline plc; Licolnwood, Ill., NTC Publishing Group.

Wade, C., and Tavris, C. (1997). *Psychology in Perspective* (2nd edition). New York, Addison Wesley.

心理學專業的學生課本

這些課本提供了更詳細的內容,涉及心理學一切主要研究領域,這些書是擔任大學本科心理學課程的老師們推薦的。這些書的組織結構都很好,學生們讀的時候既覺得有趣又感到有教育價值,而且書中還有最新的資料。

Atkinson, R. L., Atkinson, R. C., Smith, E. E., Bem,D. J., and Nolen-Hoeksma, S. (1966). *Introduction to Psychology* (12th edition). Orlando, Fla., Harcourt Brace & Co.

Bowlby, J. (1997). *Attachment and Loss* (vol I, 2nd edition). London, Century.

Butterworth, G., and Harris, M. (1995). *Principles of Developmental Psychology*. Hove, Lawrence Erlbaum Associates.

Coolican, H. (lead author) (1996). *Applied Psychology*. Londom, Hodder & Stoughton.

Eysenck, M. W. (1993). *Principles of Cognitive Psychology*. Hove. Lawrence Erlbaum Associates.

Gleitman. H. (1995). *Psychology* (4th edition). New York, W. W. Norton & Co.

Green. D. W., and others (1996). *Cognitive Science: An Introduction*. Oxford. Blackwell Publishing Inc.

Groeger. J. A. (1997). *Memory and Remembering*. Edinburgh, Addison Wesley Longman.

Gross, R. D. (1996). *Psychology: The Science of Mind and Behaviour* (3rd edition). London, Hodder & Stoughton.

Kalat. J. W. (1995). *Biological Psychology* (5th edition). Pacific Grove. Calif.. Brooks/Cole Publishing Co.

Lord. C. G. (1997). *Social Psychology*. Orlando, Fla.; Holt, Reinhart& Winston. Oatley, K., and Jenkins, J. M. (1996). *Understanding Emotions*. Oxford. Blackwell Publishing Inc.

Schaffer. H. R. (1996). *Social Development*. Oxford. Blackwell Publishing Inc.

Sternberg. R. J. (1996). *Cognitive Psychology*. Orlando. Fla.: Holt, Reinhart & Winston.

Storr, A. (1992). *The Art of Psychotherapy*. London, Butterworth Heinemann.

Wade C., and Tavris. C. (1993). *Psychology* (3rd edition). New York, HarperCollins.

Weiskrantz. L. (1997). *Consciousness Lost and Found*. Oxford. Oxford University Press.

Westen. D. (1996). *Psychology: Mind, Brain and Culture*. New York. John Wiley & Sons.

大眾心理學

心理學一直是大眾感興趣的學科，為對心靈好奇的讀者而寫的優秀心理學著作為數不少，大多簡明可讀。

Baddeley. A. (1996). *Your Memory: A User's Guide* (3rd edition). London, Prion.

Butler. G., and Hope, T. (1995). *Manage Your Mind: The Mental Fitness Guide.* Oxford. Oxford University Press.

Frankl. V. (1959). *Man's Search for Meaning.* New York. Pocket Books.

Goleman, D. (1996). *Emotional Intelligence.* London, Bloomsbury.

Gregory, R. L, (1997). *Eye and Brain: The Psychology of Seeing* (5th edition). Oxford. Oxford University Press.

Lorenz, K. (1996). *On Aggression.* London, Routledge. (First published in 1963.)

Luria, A. R. (1968). *The Mind of the Mnemonist* (trans. L. Soltaroff). New York, Basic Books.

Myers. D. G. (1992). *The Pursuit of Happiness.* New York. Avon Books.

Ornstein, R. (1991). *The Evolution of Consciousness: The Origins of the Way We Think.* New York. Touchstone.

Sacks, O. (1985). *The Man Who Mistook His Wife for a Hat.* London, Gerald Duckworth & Co. Ltd. (Picador, 1986)

Sutherland, S. (1992). *Irrationality: The Enemy Within.* London, Penguin Books.